Fritz Eckenga

W0247799

Ich muß es ja wissen

**Geschichten und Gedichte
vom Fachmann**

**Mit Illustrationen von
Günter Rückert**

**Critica
Diabolis
77**

**Edition
TIAMAT**

Für den Brandanschlag

INHALT

Vom Entstehen des Amselneides

Ich schaue morgens um sieben Uhr aus dem Küchenfenster und sehe als erstes fette Amseln. Sie frühstücken im amselschulterhohen Gras meiner taufrischen Wiese. »Der frühe Vogel fängt den Wurm«, mulmt es durch meinen außen noch kissenwarmen und innen wattig vernebelten Schädel. Wäre ich ein Vogel, ich müßte in dieser Frühform verhungern. Glücklicherweise bin ich als Aufrechtsäuger Vorstandsmitglied der Nahrungskette und muß zu Frühstückszwecken nicht mit gehörntem Schnabel glibbrige Wenigborster aus Grasnarben ziehen. Meine Lebensmittel wurden von dienstbaren Geistern bereits für mich gefangen, getötet – beziehungsweise hergestellt. Sie lagern frisch in praktischer Plastikverschalung im Drei-Sterne-Kühlschrank und heißen Jagdwurst, Katenrauchschinken und Rahmbutter.

Etwa acht Minuten braucht der gierigste Frühstücksvogel, um sechs kleinfingerlange Würmer aus der Krume zu zutzeln und sich in den Amselwanst zu würgen. Genausolange wie meine Kaffeemaschine für die vier Tassen Hochlandbohne, mit denen ich hastig Schinken- und Wurstschnitten hinunterspüle. Höchste Eile ist geboten, habe ich doch schon vor Wochen in einem Moment fataler

Unkonzentriertheit das Angebot meines Dentisten angenommen, mir ein unbedeutendes Backenzahnproblem an diesem Morgen um acht Uhr überbrücken zu lassen.

»Morgenstund hat Gold im Mund«, meldet sich ein weiteres Mal der schwach aktive und deshalb ausschließlich Uraltbestände herausrückende Sprichwortschatz. Wesentlich energischer dagegen plötzlich die Abteilung Magen/Darm, die, den ungewohnt frühzeitigen Koffein- und jetzt auch Nikotinsäureanschlägen nachgebend, unverzügliche Entleerung beantragt. Ein kurzer Gedanke an Ablehnung durchzuckt den Kopf, wird aber umgehend verdrängt von der intergalaktisch peinlichen Vorstellung, das jetzt Verkniffene wenig später, nämlich unter Augen und Händen des schleifenden Zahnarztes und seiner hübschen Gehilfinnen wehr- und willenlos preiszugeben.

Bereits jetzt zehn Minuten hinter meinem Zeitplan, wird aus höchster Eile unkontrollierte Hektik. Natürlich ist die Rolle Toilettenpapier abgelaufen, das Reservefach leer und Nachschub ein Stockwerk tiefer im Keller. Keine Wahl also: Runter ins Verlies, mit einer Hand am Bund die Hose auf Halbmast halten, mit der anderen die vor Zahnarztbesuchen obligatorische Mundhygiene vollenden, das Zehnerpack Servus greifen – Halt! Eine Hand zuwenig! – Bürste mit satt Belag zwischen die Zähne klemmen und wacker wieder hoch in die Naßzelle. Zahnpastasabber schliert aufs frische Oberhemd, Mund spuckt Bürste ins Waschbecken, Hände reißen Sanitärartikelumverpackungen auf und erledigen endlich den Rest. Rasch das Hemd wechseln – zu rasch – mittlerer Knopf am neuen reißt ab. Egal jetzt! Fünf vor Acht! Könnte grad' in der Zeit klappen. Schnell noch die Lebensmittel in den Kühlschrank stellen. Wer weiß, wie lange sich die Zahnarzttortur zieht, und nachher ist die Milch sauer. Die Milch!!!

Warum stelle ich das Porzellankännchen nicht wie immer auf die Glasscheibe über der Gemüseschale? Warum will ich sie diesmal auf die oberste, unterhalb des Kühlfachs angebrachte Leiste stellen? Warum auf diese in fingerbreiten Abständen nebeneinander liegenden Plastikstangen, deren unebene Oberflächen zur flachen Lagerung von Tetrapacks oder Plastikschalen mit Katenrauchschinken taugen, auf denen aber zierliche Porzellankännchen unweigerlich umkippen müssen? Ich weiß es nicht!

Die Milch fließt von oben nach unten, läuft mit sardonischer Boshaftigkeit aber auch jeden nur möglichen horizontalen Umweg, um nur ja keine der für das postdentale Belohnungsessen (Spaghetti Bolognese) erworbene Zutat zu verpassen. Zuerst erwischt es die Papiertüten mit Rinderhack und Pecorino-Käse, weiter unten muß die kleine Papp-Packung »italienische Kräutermischung« dran glauben, und schlußendlich tropft der mittlerweile auf der unteren Glasabdeckung entstandene See langsam aber stetig ins Gemüsefach ab, wo Strauchtomaten, ein großes Bund frisches Basilikum und 250 Gramm Ruccola-Salat schon bald den traurigen Beweis antreten, daß Gemüse durchaus auf Milch zu schwimmen vermag. Ich schließe die Kühlschranktür, verfluche die Milchkühe dieser Welt und nehme den Zahnarzttermin mit knapp fünfzehnminütiger Verspätung wahr. Zwei Stunden später stehe ich wieder in meiner Küche. Wie es wohl mittlerweile im Kühlschrank aussieht? Ich will es nicht wissen. An Spaghetti Bolognese ist mit linkshälftig betäubter Mundhöhle und geschwollener Zunge ohnehin nicht zu denken.

Matt richte ich den Blick aus dem Fenster. Die zahnlosen Amseln haben sich zum Mittagessen versammelt. Es gibt frische Regenwürmer. Ich beneide die Vögel ein wenig.

Das Wort zum Hund

»Die Fernsehzuschauer wollen auf das Wort zum Sonntag in der ARD nicht verzichten und hören es am liebsten aus dem Mund eines Prominenten. Bei einer Umfrage der Programmzeitschrift *TV Hören und Sehen* sprach sich fast jeder Dritte für den Talkshow-Pfarrer Jürgen Fliege aus.«

Ich habe, als ich diese Meldung in der Zeitung las, mich zuhause direkt mal umgehört, weil – wir waren grade zu dritt. Inklusive mir also zwei Erwachsene und dann noch Gerda. Gerda ist mein Hund. Eine ausgesprochen attraktive Dackel-Terrier-Mischung mit einem sehr feinen Charakter. Den kann man besonders gut daran erkennen, daß Gerda faul ist und gerne lange schläft. Außerdem hat sie einen wirklich guten Geschmack, den sie schon seit dem Welpenalter eindrucksvoll unter Beweis stellt. Sonntags reagiert sie zum Beispiel ausgesprochen unwillig und verärgert bellend auf frühmorgendliches Kirchengeläut. Ebenso böse wird sie, wenn irgendwo volkstümliche Musik gespielt wird. Und ganz schrecklich aggressiv kann sie werden, wenn sie der volkstümlichen Musikanten im Fernseher ansichtig wird. Dann geht sie wie eine Furie auf die Mattscheibe los und man muß rechtzeitig das Gerät festhalten, damit es nicht vom Sockel fällt und die Bescherung groß ist. Das passiert außer bei volkstümlichen Musikanten sonst nur noch bei *Kommissar Rex* und anderen Filmen, in denen schauspielernde Tiere vorkommen. Und bei Gottesdienst-Übertragungen. Die werden aber in meinem Fernseher sehr selten eingeschaltet. Höchstens mal der Papst zu Weihnachten oder zu Ostern mit seinen lustigen Feiertagsglückwünschen auf Kisuaheli. Dann schicke ich Gerda aber vorher immer raus in den Garten zum Katzenverscheuchen. Auf den Papst laß ich sie nicht los. Nachher kommt sie nicht in den Hundehimmel, und da soll sie ja einmal hin. Ich wünsche ihr eine schöne weiche Zweierwolke mit einem flauschigen und potenten Bearded Collie. Die mag sie besonders. Und gelenkig muß der Freier natürlich sein. Gerda ist ja sehr niedrig gebaut.

Sehr erstaunt war ich deswegen, als meine Umfrage, wer denn von den Anwesenden gerne Pastor Fliege beim Wort zum Sonntag hören wolle, von der anderen Erwachsenen mit »ja, bist Du denn bescheuert?« beschieden wurde. Und ich selbst will Fliege natürlich auch nicht sehen. Sonst nicht und beim Wort zum Sonntag auch nicht! Was aber sowieso barer Unsinn ist, denn das Wort zum Sonntag will ich selbst ohne Fliege nicht sehen! Und tue es ja auch nicht. Nie nicht. Da aber laut *TV-Hören-und-Sehen*-Umfrage angeblich jeder dritte Fernsehzuschauer sich auch noch Samstags abends von Jürgen Fliege was zuleide tun lassen will, konnte in unserem Bunde ja nur noch Gerda die Dritte sein. Ja, Gerda kuckt gerne Fernsehen. Besonders gerne – ein weiterer Beweis für ihren guten Geschmack – an verregneten Februar-Sonntagen längliche Ski-Langlauf-Übertragungen und Bob- oder Rodelrennen. Vorzugsweise auf einem Kissen liegend, das auf meinen Füßen liegt, während ich auf dem Sofa liege. Wir dämmern dann immer so dahin, und ab und zu heben wir mal ein Lid, um zu kucken, ob noch skilanggelaufen, gebobt oder gerodelt wird. Und wenn ja, dann sind wir immer sehr beruhigt, seufzen synchron und lassen die beiden Lider wieder fallen.

Und jetzt sollte ausgerechnet Gerda diejenige sein, die sich den Fliege wünscht? Meine Gerda, die Wintersportliebhaberin? Die Gottesdienst-Allergikerin? Sollte ich mich so in ihr getäuscht haben? Hatte diese Hündin, die ich zu kennen glaubte wie sie das Geräusch der sich öffenden Schranktür, hinter der die Schachtel mit »Bonzos kleine Lieblingsknochen« steht, hatte diese Hündin derartig abseitige Obsessionen? Das Wort zum Sonntag mit Jürgen Fliege? Und wenn die Wahrheit noch so bestürzend sein sollte, ich wollte sie wissen.

Also kaufte ich mir im Zeitungsgeschäft eine Illustrierte, auf deren Titelseite ein buntes Jürgen-Fliege-Foto abgebildet war. Davon war reichlich Auswahl, denn der prominente Pastor hatte gerade einen Autounfall mit einer Sopranistin auf dem Beifahrersitz überlebt und war deshalb noch prominenter als sonst. Ich schnitt das Portrait aus dem Titelblatt aus und bastelte mir mit Gummiband eine Jürgen-Fliege-Gesichtsmaske. Damit setzte ich mich am Samstag abend rücklings vor meinen Fernseher. Gerda schaute mich mit glänzenden Augen an. Und ich begann mit duschgelweicher Stimme Fliege-Worte zu sprechen:

»Tiere nähern sich mir mit einer großen Zuneigung. Besonders Hunde sind von einer natürlichen Nähe zu mir beseelt, die höchstens zu vergleichen ist mit der Nähe, die ich zu mir selbst als von mir am meisten beeindrucktes Wesen habe. Ich rühre mich oft in diesen Momenten selbst zu Tränen. Tränen sind mir das wichtigste, sie sind mir kostbar wie Perlen. Sie sind ein Teil meines Lebens, ich lasse sie von niemandem verächtlich machen. Aber ich will sie auch wie ein Gebet, eine Äußerung der Seele eines Menschen empfinden, und ich gebe meinem Gast die Möglichkeit, sich in ein stilles Kämmerlein zurückzuziehen, das in Jesu Namen nicht nur für innigste Gebete, sondern eben auch für innigste Tränen da ist. Sehen wir deshalb auch im feuchten Blick eines Wauwis die Aufforderung an uns alle, mich ebenso so zu lieben wie ich mich selbst. Wuff.«

Und als ich die Fliege-Maske wieder abnahm, hatte sich Gerda vor lauter Ergriffenheit ins Fell gemacht. Jetzt war alles klar: Gerda war die Dritte. Diese blöde Töle.

Mißratene TV-Reklame der Bundeswehr
Offener Kanal Hardthöhe

Geradezu beispielhaft ist die »Mon-Cherie«-Fernsehwerbung. Im edlen Freiluft-Ambiente schwänzelt und schleimt prominentes Personal um- und aneinander herum und preist in nicht verheimlichter Hohlheit die gezuckerten Kirschenschokomatsche-Kügelchen an. Vorneweg die wie immer allzeitige Brunftbereitschaft simulierende Iris Berben und in ihrem populärerotischen Kondensstreifen wie die Fliegen hinterm Kuhschwanz ein juveniler Surfbrettseriendarsteller und allerlei sonstige schlecht sprachsynchronisierte TV-VIP-Wursteln. Da perlt Champagner am Kelchrand und reibt Robe an Smokingschulter, da flutet Sonne durch Berbenbusen und prallt zarter Windhauch am knallharten Widerstand des Ninarugefrisurbretts ab. Selbstverständlich sagt die gemietete Bagage dann noch artig auf, daß in ihrer geschmackvollen teuren Welt der beworbene Pampf eine unverzichtbare Zutat sei und fertig und abputzen! Gut so! Alles ist unecht, falsch und verlogen, und niemand gibt sich die geringste Mühe, das zu verbergen. Hier wird kein Zuschauer für dumm verkauft. Hier wird man noch verarscht, wenn man dabei ist, und jeder kriegt es mit. So sieht ehrliche Werbung aus!

Im Gegensatz dazu die TV-Reklame-Spots der Bundeswehr, die in unerträglicher Penetranz Realität heucheln. Zwar zeigen sich Kameramann und Cutter durchaus auf der Höhe der Zeit und bescheißen den Betrachter mit halbwegs brauchbaren Oliver-Stone-Miniaturen. Dynamische Sequenzen von technisch aufwendigen Pioniereinsätzen mit modernstem Totmachmaterial, rasant montiert aus Helikopterkameraeinstellungen, Steady-Cam-Passagen und effektvollen Kranschwenks. Auch die Soundabteilung tut, was sie tun muß, macht professionelle Geräusche und mischt das echte Leben so gut es geht ins Off.

So weit, so gut. Die Bilder erzählen: »Der Job bei der Bundeswehr ist ein verdammt aufregender Thrill. Hier arbeitet man mit topaktueller Technik, die nur von den Besten der Besten beherrscht werden kann. Hier werden Männer gebraucht, die in jeder Situation die richtige Entscheidung treffen, die verflucht nochmal wissen, was sie verdammt nochmal tun, und die tun, was sie tun müssen, und die nicht danach fragen, was morgen ist, denn morgen können sie schon verflucht nochmal tot sein wie tote Hundescheiße, wenn sie heute nicht verdammt aufpassen und die verflucht falsche Entscheidung treffen.« Zur logischen Abrundung fehlen jetzt eigentlich nur noch die naßrasierten Top-Gun-Visagen, die leidenschaftslos diesen Text ausspucken und anschließend alle einzugsfähigen Jungdeutschen zum Mitmachen bei der großartigsten aller Truppen auffordern. Ein deutscher Tom Cruise etwa, wenn es so etwas gäbe. O.k., gibt's nicht. Dann also eben Til Schweiger in einer weiteren Rolle seines Lebens oder meinetwegen sogar der Surfbrett-Heini aus dem Mon-Cherie-Spot.

Aber genau an diesem falschen Ende hat die Volker-Rühe-Production gespart. Nicht kameraerprobte Schauspielerdarsteller dürfen uns den Schwachsinn vorlallen, den wir hören wollen, wenn wir War-Movies anschauen. Nein, erschreckend echte Soldaten in Tarnkostümierung stottern mühsam auswendig gelernte Qualphrasen auf die glänzenden Bilder. Nicht eine einzige Silbe vom aufregenden Leben des abgebrühten Schießgesellen angesichts phantastisch tödlicher Bedrohungen. Nichts von heldenhafter Pflichterfüllung im Kreise gleichgesinnter Primaten, die anpacken, was anzupacken ist, und wenn es das Letzte ist, was sie anpacken.

Stattdessen, wie schon in den unfreiwilligen BW-Reklameparodien der späten 80er, wieder nur diese grauenhaft realen achtzehneinhalbjährigen Blödmänner vom Offenen Kanal Hardthöhe, die von Völkerverständigung, Aufgabenerfüllung in einem vereinten Europa und artverwandtem Unsinn quaddeln müssen, denen man aber auf Raketenreichweite anmerkt, daß sie vielleicht das Talent zum Flaschenöffnen, Tamagotchifüttern und Panzerfahren mitbringen, aber auf gar keinen Fall die darstellerischen Voraussetzungen für gute Werbung.

Und wenn schon Realismus, dann bitte im Doku-Stil. Dann aber gefälligst auch verwackelte Home-Video-Takes von Vergewaltigungsübungen in der Kasernenturnhalle oder schlechtbeleuchtete Camcorder-Shots vom Deutschen-Gruß-Training beim Morgenappell.

Wenn aber Lügen-Fiction, dann bitte konsequent bis zum letzten Schuß. Alles andere beleidigt die Intelligenz des verwöhnten Mon-Cherie-Liebhabers.

Der Wein war ein Gedicht

Kartoffeln schälen
Möhren schaben
Derweil sich schon am Weißen laben.
Fisch beträufeln
Und gelassen
Den Roten abseits atmen lassen.

Tomaten vierteln
Schoten waschen
Na gut – nochmal vom Weißen naschen.
Fischbett machen
Ofen wärmen
Vom Bukett des Roten schwärmen.

Fisch ins Bett
Bett ins Rohr
Schmeckt der Weiße nach wie vor?
Durchaus! Chapeau!
War auch nicht billig
Der Rote riecht extrem vanillig.

Geiter Zwang –
Quatsch: Zweiter Gang!
Weißer – bist ein guter Fang!
Wühnchen haschen?

Hühnchen waschen!
Wird daschu der Rote paschen?

Mussich kosten
Junge Junge
Der liegt ewig auf der Zunge!
Tut mir lei – Hicks
Tut mir leiter
Dagegen ist der Weiße Zweiter!

Huhn muß raten?
Braaaten! Rohr –
Fisch vergessen – kommt mal vor!
Kann nix machen
Muß zum Müll
Der Rote macht mich lall und lüll.

Dummes Huhn
Bis morgen dann
Heut leg' ich keine Hand mehr an
Dein Fl – dein Fl –
Dein tzartes Fleisch
Wo far denn noch die Wlasche gleisch?

Versteckdichnich!
Ich finde dich!
Heutkochichnich heuttrinkichdich!
Da bissuja
Mein roter Bruder
Dadí Dadú Dadí Dadúda!

Mitteilung im frühen März

Sehr verstörte Natur!

Unter völliger Mißachtung des Kalenders und der in ihm festgelegten Jahreszeiten entblöden Sie sich zur Zeit nicht, in absolut vorschriftswidriger Weise zu treiben, zu wuchern und auszuschlagen. Dieses in erster Linie auf allerlei Busch- und Baumwerk beschränkte und relativ geräuschlose Geknospe könnte ja noch hingenommen werden, ginge es nicht einher mit dem tosenden Ramentern Ihrer sogenannten gefiederten Freunde, die ebenso schwere- wie rücksichtlos auf das Unverschämteste turteln, schnäbeln und vögeln. Übrigens mit Vorliebe zu einer Zeit, wenn anständige Menschen wie ich noch schlafen müssen.

Also, sehr verstörte Natur: Halten Sie sich bitte mit Ihren fortpflanzlichen Aktivitäten zurück, wenigstens solange, bis sie vom Kalender zugelassen sind. Und wenn Sie es denn schon gar nicht mehr aushalten, ziehen Sie sich für Ihre perversen Exzesse gefälligst in den Zoo zurück.

Danke sehr!

Selbermachen
Der Baumarktprofi

Guten Tag. Mein Name ist Peter-Hans Kaltenbecher. Als Leiter einer führenden Filiale einer namhaften Baumarktkette im westlichen Westfalen, östliches Ruhrgebiet, was aufs selbe rauskommt, möchte ich heute sozusagen einmal aus professioneller Perspektive eine Stellung beziehen zum Problem des Selbermachens schlechthin.

Was soll ich dazu sagen?! Ich muß es ja wissen, bin ich als Baumarkt doch wie kein anderer Zweiter einer, der durch die Zurverfügungstellung eines schier unüberschaubaren Sortimentes das Bedürfnis breitester Bevölkerungskreise befriedigt, sich es selberzumachen, wo immer es nur geht. Aber – und hier muß ich, so leid ich mir tue – mir einmal sogar selbstkritisch mit dem erhobenen Zeigefinger in die eigene Nase fassen: Auf dem Selbermachen ist nicht von vornherein immer ein Segen drauf. Und deswegen sitze ich oft nach Feierabend – manchmal minutenlang – zweifelnd und grübelnd in meinem Büro und grüble – und zweifle. An mir selbst. Dann, wenn draußen im großen Geschäft längst die Neonröhren im Dunkel der Nacht auskühlen und nur noch die Notbeleuchtung einen schemenhaften Schimmer über die menschenleeren

Regalgänge wirft, dann stelle ich mir oft mit erbarmungsloser Selbstkritik die letzten Fragen des Baumarktleiters: »Sag' mal Kaltenbecher, was bist du eigentlich für'n Drecksack?« Oder: »Schämst du dich nicht, mieser Charakterkrüppel, der du bist?« Und einmal – nach einem besonders guten Tagesumsatz, hab' ich sogar zu mir gesagt: »Soll ich dir mal was sagen? Die Gier nach dem schnöden Mammon hat dich entmenscht. Kuck' in den Spiegel. Was siehst du da? Die häßliche Fratze des Kapitals! Kaltenbecher, ich verachte dich!«

Das war die Nacht, in der ich beschloß, am nächsten Morgen ein anderer Mensch zu sein. Ein Baumarktleiter, der den Leuten die Wahrheit in die unansehnlichen Gesichter sagt. Der sich ihnen geläutert in den Weg stellt und nix mehr anderes verkauft wie die Wahrheit, die Wahrheit und nix wie die Wahrheit: »Leute, laßt es bleiben mit dem Selbermachen! Ich kenne Kartoffelsäcke, die haben einen höheren Intelligenzquotienten als ihr! Euer handwerkliches Talent reicht gerade mal dazu, euch die Hose mit der Kneifzange zuzumachen! Und jetzt wollt ihr 'n Nagel in die Wand kloppen? Was hat euch die Wand getan? Verschont die Wände! Hört auf, unschuldiges Werkzeug zu mißbrauchen! Versündigt euch nicht gegen die Schöpfung! Der Herr sprach zwar: ›Machet euch die Erde untertan!‹ Von selber Tapezieren war aber nie die Rede! Auch nicht von Teppichverlegen! Und schon gar nicht von im Keller selber 'ne Sauna einbauen!«

Etwas später hatte ich dann aber Gottseidank noch eine weitergehende Erleuchtung und erinner-

te mich an das gute alte neue Testament mit seinem Gebot der Nächstenliebe. Und mit einem kleinen Blick auf die zu erwartenden Umsatzeinbrüche
war ich mir dann aber ganz schnell wieder selbst
der Nächste. Also keine Bange. Wenn Sie was zum
Selberkaputtmachen brauchen, bin ich weiterhin
ihr Mann. Des Heimwerkers Wille ist mein Him-
melreich. Immer für Sie da! Ihr Baumarktprofi

Peter-Hans Kaltenbecher

Rhythmische Sportgymnastik
und Erotik

Die Disziplinen heißen Band, Ball, Reifen und Keule. Brust – nicht. Brust ist auch eher schlecht. Brust – beziehungsweise und genauer »Busen« zu haben, stört ab einem gewissen Volumen das ästhetische Empfinden der Betrachter, vor allem aber wohl das der Preisrichter. Rhythmische Sportgymnastinnen mit zu großem Busen werden neunte oder zehnte. Aufs Treppchen, unter die ersten drei, kommt daher in der Regel immer nur garantiert regelloses, dehn- und stretchfähiges Athletinnen-Material ohne erkennbare sekundäre Geschlechtsmerkmalausprägung. Drei Minuten Band, drei Minuten Ball, drei Minuten Reifen, drei Minuten Keule, drei Minuten Brechen. Rhythmische Sportbulimistinnen. Drei-Minuten-Trinen aus der Calvin-Klein-Model-Versuchsküche. Wirbel- und skelettlose Wesen mit denaturierter rhythmischer Magen- und Darm-Peristaltik. Findet das irgendjemand zum Kotzen?

Jedenfalls nicht das Publikum. Rhythmische Sportgymnastik ist ein populärer Sport mit großer, ansteigender Zuschauerresonanz. Vielleicht liegt das ja daran, daß die Masse in ihrer durchschnittlichen Individualausführung so überaus breit ist, pommesgesäßbehaftet und bierbauchträchtig daherkommt. Cellulitisiert, verschwimmringt, fassungslos fett also und gänzlich unerotisch, und deshalb ihr Gegenteil, nämlich gymnastiktaugliche Gummigeschöpfe mit straffem Hautbezug sexuell stimulierend findet.

Wie auch die meist männlichen Fernseh-Sportreporter höchst vernehmlich ihre Körperflüssigkeiten kaum bei sich behalten können, wenn sie das artistische Treiben auf der Gummimatte zu besprechen haben. Nur gut, daß man die hechelnden Kommentatoren bei ihrer Berufsausübung nicht auch noch sehen muß. Das läßt ein wenig Luft für erotische Denkspielräume. Man muß allerdings schon etwas abseitige Phantasien zulassen und darf sich nicht selbst beschränken, wenn man vom Fernsehsessel aus – Bierflasche in der linken, Essigchipstüte in der rechten – den spreizenden Magermädels zuschaut und das gespreizte Altherrengesabber auf sich wirken läßt.

Ich stelle mir jedenfalls immer vor, daß die Reporter in sportlichen Acrylrollis vor sich hindünsten, in abgedunkelten Pressekabinen, ganz allein mit sich und ihrem Mikrofon gelassen die schwülfeuchte Turnhallenluft noch etwas schwülfeuchter anreichern und dann den fettgewebefreien Objekten ihrer müffelnden Begierde sekretig zwischen die Spagate sprechen:

»Junge Frauen, gerade dem Mädchenalter entstiegen – äh – anmutige Körperbeherrschung und erotischer Ausdruck auf höchstem Niveau – äh – Einheit von geschmeidigem Bewegungsgefühl junger Athletinnen – äh – rhythmischer Gleichklang von Musik und Körperlichkeit – ÄHHH ...«

Und dann ergibt sich der Reporter sämig seiner eigenen Körperlichkeit, drückt die Mikrofonräuspertaste, bleibt ein kleines Weilchen für uns unhörbar. Dieses Weilchen aber nutzt der geschulte Zuhörer, um sich ebenfalls zu ergeben, beziehungsweise diskret zu übergeben. Womit der Kreis geschlossen ist. Rhythmische Sportgymnastik. Gelebte Bulimie für jedermann. Erotik auf der Höhe der Zeit.

Die klugen Bären

Die Schöpfer schuf das Arbeitstier
In mannigfalt'ger Art
Recht grob geriet der Ackergaul
Die Ameis' dafür zart

So schuften sie und hauen ran
Auf ganz verschied'ne Weise
Der Zosse schwitzend, schnaubend, laut
Die Ameis' dafür leise

Der eine zieht das Pfluggeschirr
Die andere putzt die Felder
Tun's klaglos, ohne Eigennutz
Geschweige denn für Gelder

Im Gegensatz zum schönen Bär
Der ebenfalls viel schafft
Doch alles, was er kriegen kann
Ins Bärentäschchen rafft

Er gibt nichts ab, denkt nur an sich
Und nicht an Schöpfers Krone
Es interessiert des Menschen Nutz'
Den Bären nicht die Bohne

Stoisch thront der Egoist
Tagtäglich auf der Klippe
Und krallt geduldig frischsten Fisch
Für sich und seine Sippe

Im Anschluß an des Tages Werk
Pflegt Petz den wachs'nen Pelz
Mit feinem Tran vom Schuppentier
Denn seiner Frau gefällt's

Die klügste Sorte Arbeitstiere
Sind zweifellos die Bären
Sie denken nur an Nahrungsfang
Und anschließendes Vermehren

Einmal friesische Wurzeln
(und zurück)

Namen sind etwas, für das man nichts kann. Einen Namen hat man, sobald man ins Leben geworfen wird, und muß sich dann bis zu dessen Ende damit ansprechen und -schreiben lassen. Wenn man Pech hat, heißt man ein Leben lang Meier, Müller, Schulze oder Schmidt. Das ist ziemlich langweilig und überhaupt nicht originell. Manche geborenen Meiermüllerschulzeschmidts haben später ein bißchen Glück, heiraten einen Menschen und nehmen dann dessen Namen an. Dann heißen sie vielleicht Krötenbach oder Wemmsbembel, was zwar auch nicht so richtig gelungen klingt, aber immerhin etwas ausgefallener als Schmidt oder Müller. Andere wiederum behalten ihren alten und hängen den an ihren neuen Namen dran. Dann heißen sie plötzlich Krötenbach-Schulze oder Wemmsbembel-Meier. Das ist bei Lichte betrachtet wirklich kein Fortschritt.

Besser dran ist man, wenn man von Anfang an einen ungewöhnlichen und trotzdem nicht geschmacklosen Namen bekommen hat. Zum Beispiel Eckenga. Eckenga ist ein origineller Name, den hierzulande sonst niemand hat. Mit Ausnahme der Mitglieder meiner Familie. Die heißen natürlich auch Eckenga. Aber sonst weit und breit kein anderer Mensch. Man kann also sagen, daß man, wenn man Eckenga heißt, ziemlich einzigartig ist, zumindest dem Namen nach.

Wenn man Eckenga heißt, hat man immer Abwechslung. Beim Telefonieren zum Beispiel. Ruft man etwa bei der Telefonzentrale der Stadtverwaltung an, um einen behördlichen Vorgang zu klären, wird man in der Regel direkt nach der Namensnennung gefragt: »WER?!« Manchmal sogar schon, bevor man die letzte Silbe, also »-ga«, erreicht hat.

Das geht dann so: »Finanzamt Dortmund-Ost« / »Ecken-« / »WER?!«

Häufiger ist aber die Version mit an die Namensnennung anschließender Stutz- bzw. Gedenksekunde:

»Finanzamt Dortmund-Ost« / »Eckenga« / – – – »WER?!«

Die gängigste Methode ist jedoch die ohne jede Nachfrage und mit sofortiger Verbindung mit dem falschen Sachbearbeiter:

»Finanzamt Dortmund-Ost« / »Eckenga, guten Tag, ich möchte gern meinen Sachbearbei ...« / »Verbinde« / kleine Verbindungsnachtmusik von Mozart / »Schmidt« / »Eckenga, guten Tag« / »wie war der Name?« / »Eckenga« / »Mit I am Anfang?« / »Nein, E – ckenga, E – wie E-mil« / »Emil Ickenga?« / »Nein, der Nachname mit E wie Emil, Vorname Friedhelm, Friedhelm Eckenga« / »Mit E?« / »Ja« / »Da sind Sie bei mir verkehrt, ich mach Hermann bis Nordpol, ich verbind Sie zurück zur Zentrale« / »Zentrale« / »Eckenga, bitte den Sachbearbeiter für

34

E – wie Emil« / »Wie heißt der Herr?« / »Das weiß ich nicht, ich heiße Emil, Quatsch Ecken-« / »Ich verbinde« / »Müller« / »Eckenga, guten Tag, machen Sie den Buchstaben E?« / »Ja, wie war Ihr Name?« / »Eckenga« / »Ickenga? Da sind Sie bei mir falsch, Buchstabe I macht der Kollege Schmidt ...«

Undsoweiter. Man sieht, mit so einem originellen Namen hat man immer etwas zu telefonieren. Aber auch die Post sorgt regelmäßig für gute Unterhaltung.

Oft erhalte ich Briefe für Herrn Wickinger oder Herrn Ekenda. Auch Ebinga war schon mal dabei und Engender. Gottlob habe ich einen ganz ausgeschlafenen Postboten. Der weiß mittlerweile, wie der Hase heißt und schiebt mir alles durch den Schlitz, was nur im Entferntesten an mich gerichtet sein könnte.

Kinder und kindgebliebene Erwachsene haben viel Freude an meinem Namen. Sie vermuten in der Regel zoologische Ursprünge und rufen mir für gewöhnlich ein heiteres »Ekänguruh« hinterher, was, wie mir neulich die Literaturassistentin erläuterte, auf die Lektüre von »Pu der Bär« zurückzuführen sei. In den Geschichten über das Treiben dieses kleinen Gesellen spielen nämlich das Beutelweibchen »Känga« und sein possierliches Junges »Ruh« maßgebliche Rollen.

Die Literaturassistentin war es auch, die mir nahelegte, doch einmal den tatsächlichen Ursprüngen meines Namens auf den Grund zu gehen. Bislang konnte ich sie und andere Neugierige immer damit ruhigstellen, daß ich meinen Namen auch ohne

Ahnenforschung ganz nett fände. Als ich dann aber durchblicken ließ, daß mein seliger Großvater Oppa Fritz gelegentlich davon gesprochen hat, daß unsere Vorfahren friesländischer Herkunft gewesen sein sollen, schlug sie eine gemeinsame Expedition in die auch unter Kurzurlaubsgesichtspunkten reizvolle nordfriesische Inselwelt vor. Dort könne ich mir die Nordseeluft um die Nase wehen lassen und ganz nebenbei studieren, wie der mir zugrundeliegende Menschenschlag ausschaue, lebe und wirke.

Gesagt getan. Auf nach Amrum, back to the roots, zurück zu den friesischen Wurzeln und forschen, frei nach dem Motto »wo komm ich her – wo geh ich hin – und was ist eigentlich in mir drin?«

In mir drin war auf Amrum dann tagsüber kubikmeterweise frischestes Nordseeozon und abends lecker Fisch und Deichlamm. Der Amrumer Koch, bei dem die Hauptspeisenassistentin und ich abendlich einkehrten, ist nämlich ein großer Tierfreund, der sehr behutsam mit den ihm anvertrauten Kreaturen umgeht. Wie man überhaupt sagen muß, daß meine Namensheimat in erster Linie durch die überaus vielfältige und prächtige Fauna und Flora und deren schonende Behandlung durch die Einheimischen besticht. Das führt dazu, daß man zum Beispiel allerlei erstaunliches Federvieh besichtigen kann. Hierzu konnte besonders die Ornithologieassistentin wertvolle Angaben beisteuern. Ausgestattet mit einem Feldstecher wies sie mich allenthalben auf nie gesehenes Geflügel hin und führte meinem Wortschatz so wohlklingende

36

neue Schmuckstücke wie Austernfischer, Eidererpel, Heringsmöwe und Brandente (lat. Tadorna Tadorna) zu. Tadorna Tadorna ist ein voluminöses Wesen mit einem unglaublich dicken Brandentenbürzel. Am besten kann man es beobachten bei Niedrigwasser im Wattenmeer. Da stapft es dann auf Amrum rum und scheint nie wegzufliegen. Wie auch, mit dem dicken Hintern und diesen langen Stelzen, die immer tief im Watt stecken, sozusagen bis zur Brandentenkniekehle? Tadorna Tadorna ist auch bestimmt keine bedrohte Tierart. Dazu habe ich viel zu viele davon im Watt rumpampfen sehen. Meine persönliche, ich gebe zu, sehr waghalsige Theorie ist ja, daß die Brandente schon deshalb keine bedrohte Art ist, weil man sie nicht verzehren kann. Ich scheue mich sogar nicht zu behaupten, daß sie ungenießbar ist. Und zwar, weil die Brandente gar keine Füße hat. Wie könnte sie sonst so tief im Schlamm versinken und trotzdem gehen? Jeder, der schon mal versucht hat, mit Schwimmflossen auf schlammigen Untergrund zu laufen, weiß, wovon ich rede. Daß Tadorna Tadorna aber keine Füße hat, liegt wiederum an einer der nordfriesischen Evolutionstrategie eigenen Besonderheit, ja – an einer taktischen Meisterleistung.

Es verhält sich nämlich so, daß die Brandente direkt nach der Geburt dem vererbten Befehl gehorcht, sich unverzüglich nach dem Verlassen des Eies ohne Rücksicht auf Verluste ins kalte Watt zu stürzen. Die zarten, kleinen Tadorna-Schwimmfüßchen unterliegen so selbstverständlich einem sofortigen Gefrierschock, fallen komplett ab und dienen der fetten Wattmüllmöwe – im unsentimentalen Friesenjargon »die grüne Tonne« genannt – als leckere Zwischenmahlzeit. Das kleine Brandentenküken aber stakst, angetrieben von einem unbändigen Überlebenswillen, einfach weiter und weiter durch das schmoddrige Wattgeplömp und zieht sich an seinen schon recht stabilen Kalkstelzen den auch Tiefkühltruhenbesitzern geläufigen »gemeinen Gefrierbrand« (lat. frostus Reinoldus Messner) zu. Die Tadorna-Vorfahren gingen an dieser Krankheit noch jämmerlich zugrunde. Die heutige Generation aber hat gelernt, damit zu leben. Und zwar lange. Brandenten werden im Mittel 68 Jahre alt, erreichen ein Duchschnittsgewicht von 50 Pfund und haben männerunterarmstarke Beine, die eben, von Gefrierbrandviren durchzogen, das komplette Tier für den menschlichen Verzehr ungenießbar, weil lebensgefährlich machen. Die nordfriesische Bevölkerung mußte dies in früheren Jahren unter schmerzlichen Verlusten feststellen. Seitdem aber die Ursachen der Tragödie bekannt sind, kam es zu keinen weiteren menschlichen Opfern, die Brandente wurde fürderhin nicht mehr gejagt und wird deswegen heute auch nicht mehr von Greenpeace-Mitgliedern belästigt, die sich werbewirksam mit dicken Tauen an sie ketten.

Weitere faszinierende Aufschlüsse über die Eigenarten der Amrumer Fauna erhält der interessierte Naturliebhaber an der dem offenen Meer zugewandten nordwestlichen Inselseite. Vor beeindruckenden Dünengebirgen liegt hier ein gewaltiger Strand, der breiteste Europas. Gebildet von festem, dichten Sand, dem »Kniepsand«. In ihm tummelt sich höchst aufregendes und aufgeregtes Tierleben, das auf der Kniepsandoberfläche bizarre Strukturen formt, die an surrealistische Kunst oder an Fußspuren außerirdischer Besucher denken lassen. Aber es sind eben nicht extraterrestrische Touristen, die diese scharfgeschnittenen Miniaturen in den Sand zaubern, sondern Amrumer Kleinstlebewesen, die sogenannten Kniepkopulierkakerlaken. Einziger Lebenszweck der Kniepkopulierkakerlake (lat. Blattaria libida extrema) ist es, sich unablässig fortzupflanzen. Die recht gleichbleibende obere Kniepsandtemperatur und die beständige Durchfeuchtung mit milder Nordseegischt sorgen dabei für das ideale Klima unter der Stranddecke, wo die gewaltigen Kopulationsprozessionen der Blattariaherden stattfinden. Eine Herde umfaßt ca. 380.000 Tiere, je zur Hälfte gebildet aus Männchen und Weibchen, die pärchenweise polonäsenartig hintereinander parallel zur Wasserlinie krabbelnd, ihren Verrichtungen nachgehen. Der Fortpflanzungsakt der Kniepkopulierkakerlake wird so im wahrsten Sinne des Wortes »laufend« ausgeübt. Die Gesamtbegattungsmenge einer durchschnittlichen Amrumer Blattariaherde beträgt im Tagesmittel 3.040.000 Kopulationen. Dabei gehen die Experten von gemessenen sechzehn Begattungen pro Paar bei acht Stunden Arbeitszeit aus. So entstehen innerhalb eines Werktages acht neue Herden. Den Fortpflanzungsakt selbst kann man nicht anders bezeichnen als ein technisches Glanzstück der Evolution, beziehungsweise in der religiösen Version, als ein Wunder der Schöpfung. Dabei reizt das hinten kriechende Kakerlakenmännchen die Begehrte mit seinen beiden auf den Schultern der Dame ruhenden Duftlöffeln durch ständiges zärtliches Schaben, wobei ein wohlriechendes Sekret aus den Löffeln in den Weibchenpanzer einmassiert wird. Nach etwa 30 Minuten sind die Schultern satt parfümgetränkt und die Blattariafrau ist hinreichend erregt. Da die komplette Herde den Vorgang synchron ausführt, stoppt jetzt die Polonaise für einen kurzen Augenblick, die Weibchen heben gemeinsam die Tankklappen und die Männchen können das Erforderliche super einbringen. Sobald die Begattung abgeschlossen ist, rollt die Prozession wieder an, nach ca. drei Minuten lösen sich die trächtigen Weibchen ohne anzuhalten von den Eiern und alles beginnt wieder von vorne. Und so entstehen auf dem Amrumer Strand Stunde um Stunde und Tag für Tag Myriaden neuer Sandstrukturen, geometrische Figuren bezaubernder Schönheit, elegante, wie von göttlichen Stukkateuren geformte Miniaturen zartester Zerbrechlichkeit. Und das nur, weil Millionen von Kakerlakenweibchen im schwülen Halbdunkel unter der schützenden Decke des Kniepsandes 16 Mal am Tag gleichzeitig das Hinterteil heben.

Nachdem ich der Schädlingsassistentin diesen erstaunlichen Vorgang anläßlich einer mehrstündigen Expedition noch wesentlich präziser und detailgetreuer erläutert hatte, befand sie, seltsam mitleidig schauend, es sei nun an der Zeit, mich von der Tierwelt zu lösen und endlich den menschlichen friesischen Nachkommen derer zu widmen, denen ich meinen Hausnamen zu verdanken habe. Aber – ich muß es leider so unprätentiös sagen – da war nix zu holen. Außer dem bereits erwähnten großartigen Koch und ein paar anderen Dienstleistern, die man genauso gut oder schlecht in gewöhnlicheren Urlaubsgebieten zur touristischen Bedürfnisbefriedigung beansprucht, war kaum ein als solcher auffallender Friese zu bemerken. Vielleicht sind die alle schon zu jener Zeit, als auch die Eckengas ins Ruhrgebiet emittierten, in die außerfriesische Welt gezogen, um ihre originellen Nachnamen gleichmäßig über den Globus zu verteilen. Vielleicht aber hatten all diese schon damals geahnt, daß eines fernen Tages, nämlich im ausgehenden 20. Jahrhundert das Leben auf einer idyllischen Nordseeinsel von daseinsverdüsternden Plagen heimgesucht wird, die ein Verbleiben in der schönen Heimat auf Dauer unerträglich machen.

Plagen alttestamentarischen Ausmaßes quasi, etwa in Gestalt zahlenmäßig nicht unerheblicher Formationen von Angehörigen der Weltkrieg-Flakhelfergeneration, die offenbar ebenso langfristig wie unerbittlich selbst auf Amrum Urlaub machen. »Urlaub wovon?« muß die logische Anschlußfrage lauten, handelt es sich doch durchweg um gutversorgte Rentner der Jahrgänge um 1930, also jenen Quälgeistern, die ständig herumnölen, daß alle nach ihnen Geborenen nichts anderes zu tun haben, als das, was sie nach dem Krieg aufgebaut haben, wieder umzuschmeißen. Die eindeutige

Antwort muß nach mehrtägigem intensiven Studium der nordfriesischen Inselbesatzer lauten: »Urlaub vom eigenen Supermarkt.« Wer jemals in der Tourismus-Vorsaison morgens um 10 Uhr 30 die putzige Spar-Filiale des Amrumer Örtchens Nebel betrat, kann keine andere Schlußfolgerung ziehen.

Verpennte Beschaulichkeit, kaum Kundschaft, lediglich zwei Angestellte und ich, auf der Suche nach Frischmilch und Friesenbutter. Dann aber plötzlich, wie aus dem Nichts, vier, fünf aggressive Einkaufskorbfahrer in der kaum verhohlenen Absicht, mich mindestens zu verletzen, viel lieber aber wohl an Ort und Stelle, also an der Milchprodukttheke, final zu erledigen. Selbst die satte Inselbräune kann die kriminelle Energie in den verkniffenen Gesichtern dieser zu allem Entschlossenen nicht kaschieren. Als hätten sie heute noch wenigstens 30 andere Supermärkte einzunehmen und als wären sie bereits jetzt 14 Tage hinter ihrem Zeitplan, überrollen sie rüstig wie in besten Hitlerjugendtagen alles, was sich ihnen in den Weg stellt, also mich. Sonst ist ja keiner da. Hätte ich eine weiße Fahne, ich würde sie jetzt sofort hissen, aber ich habe keine weiße Fahne, ich habe nur eine Milchtüte, die ich, bedingungslose Kapitulation signalisierend, zitternd in die Höhe halte. Aber, Gefangene werden nicht gemacht, der Auftrag lautet eindeutig: Auf Zivilisten keine Rücksicht nehmen und verbrannte Erde hinterlassen! Mit letzter Kraft schaffe ich es, mich in einen winzigen Spalt zwischen Kühltheke und Kaffeeregal zu klemmen, bis die Graue-Panther-Todesschwadron an mir vorbeigezogen und, lediglich eine Staubwolke und eine apathisch-demütige, wohl auf Truppenübungen dieser Art konditionierte Kassiererin zurücklassend, endlich im strahlenden Blau des Amrumer Morgens verschwunden ist.

Und doch waren es nicht diese bedenklichen Ereignisse, die die Gemütsassistentin und mich bewogen, die Expedition ins Reich meiner Namensvorfahren nach einigen Tagen zu beenden. Man hatte einfach genug gesehen und erlebt, war randvoll der Eindrücke, die nun zu Hause gewissenhaft und in heimischer Ruhe dokumentiert werden wollten. Auf der Busfahrt zur Fähre, die Inselflüchtige aufs Festland expediert, bemerkte ich ein kleines Mädchen, das ganz allein und verloren unter einem kleinen Betonunterstand am Straßenrand zum Gotterbarmen Blockflöte übte. Vielleicht war es das arme Kind eines Amrumer Elternpaares, dessen Vorfahren nicht wie die meinen rechtzeitig die Flucht vor militanten Pensionistentruppen ergriffen hatten. In dem Moment begriff ich, daß ich wohl Glück hatte. Wären die Würfel des Schicksals seinerzeit nur ein wenig anders gefallen, stünde heute vielleicht ein anderer friesischer Nachname in Dortmunder Telefonbüchern, und ich hätte als Kind unter einem Amrumer Betondach Blockflöte üben müssen. Das hätte mir nicht gefallen. Es war das Vordach der öffentlichen Bedürfnisanstalt.

Das Gesetz des Sommers

§ 1
Man zeigt als Mensch nicht nackte Schwarte
Dies Privileg hat nur das Schwein
Man geht bekleidet unter Sonne
Trägt auch sommers langes Bein

§ 2
Man badelatscht nicht adilettig
Quietschend über Promenaden
Quält Mitflaniererblicke nicht
Mit weißbesockten Stachelwaden

§3
Man bietet nicht der Welt den Pöter
Ungebeten nackicht an
Auch am Strand trägt nur der Köter
Rute offen, nicht der Mann

§4
Verboten ist dem Weib das Top
Wie seinem Kerl das Muskelhemd
Zurschaugestelltes Achselhaar
Wird ohne Warnung abgeflämmt

§5
Unbedeckten Oberkörpern
Dräut stumpfe Klinge ohne Schaum
Strafrasiert wird Nabelwolle,
Brustgestrüpp und Schmerbauchflaum

§6
Hundert Hiebe mit der Gerte
Sind als Sühne angemessen
Auf bebadehoste Kimmen
Die in Gasthausstühle nässen

»Wenn du erlaubst, Jürgen ...«

Die ARD-Reporter Jürgen Emig und
Herbert Watterot
live von der Tour de France

Emig: ... ja, hier am Fuße der Pyrenäen, wo ja die Tour de France in dem malerischen Dörfchen Belleriche zum 48. Mal Station macht, nein, natürlich macht sie nicht Station, sondern Belleriche ist ja nur eines der vielen ungezählten Dörfer, denen die Ehre zuteil...

Watterot: ... ja, Jürgen, aber wenn du erlaubst, doch eines mit einem geradezu besonderen Mythos, denn es war im Jahr 1953, als hier in Belleriche die Tante des späteren Zwölftplazierten Fréderic Soutelmine, die damals 89-jährige Henriette Cloucheau, vor ihrer Gastwirtschaft, die ja heute immer noch in Betrieb ist, ihrem Neffen Fréderic vor dem gigantischen Aufstieg zum Tourmalet ein Stück Butterkuchen mit auf den Weg gab...

Emig: ... mit den unvergessenen überlieferten Worten »gib' deinem Kameraden Luc auch etwas ab«...

Watterot: ... ja, Jürgen, was er ja dann auch tat, ausgerechnet auf der rasenden Abfahrt von Pludeforce nach St. Galoche, woraufhin beide in einer unübersichtlichen Kurve dramatisch stürzten, aber blutüberströmt die Fahrt wieder aufnahmen...

Emig: ... allerdings mit einem riesigen Rückstand auf die Spitze des Feldes, den sie dann bis zum Ende der Tour nicht wieder wettmachen konnten. Und seitdem ist es ungeschriebenes Gesetz im Peloton, daß vor dem Anstieg auf den Tourmalet kein Kuchen gegessen werden darf...

Watterot: ... und seitdem trägt dieses Teilstück auch den Namen »l'Étappe du gateau fatal«.

Emig: Obwohl ich nicht glaube, daß allen Fahrern, die sich heute hier vor dem fantastischen Panorama der gewaltigen Pyrenäengipfel und -schluchten mit ihrer großartigen ursprünglichen Flora und Fauna...

Watterot: ... ja, Jürgen, wenn du erlaubst, hier in der Gegend gibt es ja sogar noch wildlebende Bären...

Emig: ... allerdings, Herbert, aber ich glaube doch, daß die sich heute hier nicht zeigen, bei diesem nebligen Wetter dürften sie es wohl vorziehen, in ihren warmen Höhlen zu bleiben...

48

Watterot: ... es ist ja auch zu bezweifeln, daß diese Tiere sich überhaupt für den Radrennsport begeistern...

Emig: ... nein, das tun sie wohl nicht. Ganz im Gegenteil. Es gibt ja sogar die Geschichte von einer Tour-de-France-Etappe im Jahr 1923, die hier ganz in der Nähe am Col Bracusse vorbeiführte...

Watterot: ... wenn du erlaubst, Jürgen, aber ich glaube, das war 1924, als Charles Petrusse 21 Tage das Maillot jaune trug und kurz vor Paris mit einem Reifenschaden – er war 35 Kilometer vor dem Ziel über eine Astwurzel gefahren und es war kein Ersatzreifen aufzutreiben...

Emig: ... so etwas wäre natürlich heute undenkbar. Ja, ich glaube, du hast recht, Herbert, es muß 1924 gewesen sein...

Watterot: ... und Petrusse wurde dann um 12 Sekunden vom Belgier Grandeur besiegt...

Emig: ... richtig, 1924 war's, da also soll hier am Col Bracusse ein stattlicher Braunbär auf dem Paß eine halbe Stunde lang das komplette Peloton gestoppt haben. Er hat einfach auf der Straße gesessen und keinen vorbeigelassen. Die hatten natürlich alle Angst, und erst nach einer ganzen Weile ist es dann einem Beamten der Gendarmerie gelungen, den Bär aus dem Weg zu schaffen...

Watterot: ... wenn du erlaubst, Jürgen, aber das ist schon etwas harmlos ausgedrückt. Der Gendarm, Pierre Calcave war sein Name, hat das Tier mit seiner Dienstwaffe erschossen.

Emig: Ja, so rauh waren damals die Sitten. Heute wäre so etwas natürlich völlig undenkbar. Jedenfalls wird seitdem diese Etappe, die den schauerlichen Namen »l'Étappe de l'ours saignant« erhielt, nicht mehr ins Programm der Tour genommen...

Watterot: ... wenn du erlaubst, Jürgen, aber jetzt sehe ich gerade, daß die Fahrer im geschlossenen Feld das malerische Örtchen Darlonce in gemächlicher Fahrt durchradeln...

Emig: ... ein Örtchen, dessen Panorama dominiert wird von einem entzückenden Schlößchen, in dem seinerzeit schon Louis Quatorze mit einigen seiner ungezählten Mätressen Station zu machen pflegte. Ja, hier hat sich seit Ludwig dem 14. doch einiges getan, die Straßen sind asphaltiert...

Watterot: ... obwohl, Jürgen, wenn du erlaubst, elektrischen Strom gibt es hier auch erst seit 1957, das muß man sich einmal vorstellen...

Emig: ... allerdings, Herbert, aber um noch kurz auf den Sonnenkönig zurückzukommen, der nach einem seiner Aufenthalte hier in Darlonce etwas ganz Verrücktes beschlossen hat. Als er nämlich auf den gegenüberliegenden Steinhang des Mont

50

Vichél blickte, hatte er die Idee, dort einen Wald mit kenianischen Geröllkiefern anpflanzen zu lassen. Ja, und der steht tatsächlich noch heute dort, weswegen diese Etappe auch »l'Étappe des bois africains« genannt wird.

Watterot: Tatsächlich, Jürgen? Das war mir neu.

Emig: Aber nun zu den Fahrern, die jetzt langsam den Aufstieg beginnen...

Hund und Haufen

Ja sicher, bellt der faule Hund,
Ja sicher ist die Erde rund
Und dreht sich wie ein Ball im All.
Ja sicher und auf jeden Fall
Wird jeder Köttel, den ich mache,
Ob flach, ob breit, ob runde Sache
Den Planeten runterrollen
Und sich bald im Orbit tollen.
Vielleicht sogar an Mir zerschellen.
Geschenkt, hört sich der Hund noch bellen,
Geschenkt die Sucherei nach Stellen,
Wo ich mich diskret lösen kann.
Ich geh' nur kurz nach nebenan
Und leg' den satten Morgenriesen
Direkt auf Nachbars Eingangsfliesen.
Ja sicher, hört der Hund sich dichten
Die Rotation wird's sicher richten.

Waldemar »Alles klar« Hartmann!

Wenn Sie Ihren haarigen Oberlippenfortsatz hinter ein Sportschau-Reportermikrofon bürsteln und sich nach Halbzeit- und Schlußpfiffen an Ihre in der Regel noch schweißtropfenden Gesprächspartner von der tretenden Zunft heranduzen, dann geht's aber ganz klar zur Sache.

Klar vor allem, weil Sie, von aller Fachwelt »Waldi« gekoster Hartmann, die Technik des ballbranchenimmanenten Stammelinterviews zu bisher unerreichter Klipp- und Klarheit vervollkommnet haben.

Lähmend lästiges Fragestellen nach Spielverlauf und Chancenauswertung lassen Sie schlicht und einfach weg und ersetzen es durch die angebayerte »Berti-Andi-Klinsi-alles-klar?«-Eröffnung, gefolgt von deren hinlänglich bekanntem pawlowschen »Na-gut«-Reflex, der wiederum Ihnen auslösender Reiz ist für die abrupt klare Gesprächsbeendigung: »Berti-Andi-Klinsi-alles-klar!«

Dieserart auf das Allernotwendigste eingedampfte Analyse-Konzentrate blasen Transparenz in die Nebel der Fußballtäler.

Und das, Waldi, wollte Ihnen nur mal eben ganz klar machen,

ein Sie verehrender Balljunge

54

Metropolöse in der Provinz

Gelegentlich erhält man Besuch aus anderen Städten dieses Landes. Das ist überhaupt nicht schlimm, sondern vielmehr schön und meistens sogar bereichernd, hängt den Besuchern doch immer auch eine Prise regionuntypischer Exotik in den Klüngeln, die sie auf der Reise nicht auslüften konnten. Kommt der Besuch beispielsweise aus der großen, multikulturell geprägten, beneidenswert kosmopolitischen Metropole Berlin, kann man immer sicher sein, daß das eigene, eher provinziell geprägte Dasein nach dessen Abreise wieder um etliche Facetten ungekannter Denk- und Wirkungsweisen erweitert wurde.

Erheiternd, aber den Gastgeber auch regelmäßig mit verhaltenem Stolz erfüllend, sind etwa die in den ersten Stunden des Besuches recht bizarren Reaktionen der gemütsharten Hauptstädter auf dieserorts eher gewöhnliche, zwischenmenschliche Verhaltensweisen. Verwundert bis erschrocken, manchmal sogar zuckend und schüttelnd nimmt der Berliner freundliche Ansprache entgegen. Lähmende Sprachlosigkeit und Augenstarre bemächtigen sich seiner beispielsweise, wenn er in einer Gaststätte mit Dienstleistungsstandards wie »Was kann ich für Sie tun?« oder »Haben Sie noch einen

Wunsch?« angesprochen wird. Gerade so, als habe er derartige Höflichkeitsfloskeln nie in seinem Berliner Leben vernommen, ist er anfangs nahezu unfähig, eine Bestellung aufzugeben oder einfach nur »Nein, danke« zu sagen. Das übernimmt dann selbstredend der fürsorgende Gastgeber, wohlwissend, daß dies nur eine vorübergehende, an frühkindliche Fremdelphasen erinnernde Erscheinung ist, die zumeist schon nach 12 Stunden langsam beginnt, sich zu legen.

Wie auch der schroffe, knarzende Umgangston des Metropolösen unter dem besänftigenden Einfluß human parlierender Provinzler sich recht schnell anzupassen pflegt, so daß er das Vorurteil »Wenn Berliner sprechen, antworten die Hunde« schon bald nicht mehr bestätigt.

Ist diese kommunikationsklimatische Anpassung erst einmal vollzogen, bereichert der spritzige Berliner das Leben in den schläfrigen Outbacks doch ungemein. Weltstädtisch-originell seine Wortartistik (»icke«, »dette«, »knorke«), bohemienisch seine Eßgewohnheiten (»Ah, Austan, habick im KaDeWe jeden Tach, wennick will, undzwa frischa wie hier, wa«) und neidischmachend sein unvergleichlicher Anekdotenfundus, gespeist aus der Internationalität seines täglichen Umgangs. Wer anders als ein Insasse der russengesättigten Ex-Frontstadt könnte einen derart detailgenau über die abseitigen Vorlieben der rauschversessenen Iwans Bescheid geben, die sich eben nicht nur wie allgemein bekannt regelmäßig Wodka zwischen die Ganglien kippen, bis der Arzt kommt, sondern vielmehr auch

»Schuhcreme in vorher aufgeritzte Kopfhautwunden schmieren, weil das noch direkter und billiger törnt!«

Vorurteilsbeladene werden nun einwenden, daß es genau diese Art der planmäßigen Verstümmelung sei, die den Berliner zu jenem verwirrten, ichbezogenen und verabscheuungswürdigen Quälgeist mache, den die Welt nicht brauche. Neige er doch dazu, partout nichts von zivilisierten Kulturen anzunehmen, okkupiere aber sofort rücksichtslos, wenn Sitten und Gebräuche anderer Völker noch erbarmungswürdiger seien als seine eigenen. Sicher hätten die Berliner mehrheitlich längst die russische Methode übernommen und deswegen die ganzen Kopfgehäuse randvoll mit Schuhwichse.

Man muß zugeben, diese Theorie könnte einiges erklären. Viele ansonsten schwer zu entschlüsselnden berlinischen Verhaltensauffälligkeiten ließen sich relativ logisch auf diese Ursache zurückführen. Bestätigt werden kann die These von dieser Seite aus jedoch nicht, denn zumindest im Beisein des Provinzbetreuers kam es noch nicht zu Exzessen der beschriebenen Art.

Doch selbst, wenn die Schuhcremebegründung sich als stichhaltig herausstellte, muß Berliner Besuch in Restdeutschland ganz grundsätzlich positiv, nämlich als lehrreiches Ereignis gelten gelassen werden. Man muß ihm etwas Geduld und Pflege gönnen. Dann aber ist er aufschlußreich, horizonterweiternd und augenöffnend.

Kirche stolz:
Car-Freitag wieder ein voller Erfolg

(aus: »Kamener Neue Nachrichten«, 14.4.1998, Zeitgeschehen)

Kamen. (eig.Ber.) Am 10. April wurden mit großen Abschlußveranstaltungen die sechswöchigen bundesweiten Leidenszeitfestspiele 1998 beendet. Den besten Besuch konnte, wie schon in den Jahren zuvor, das ökumenische Car-Freitag-Cruising am Kamener Kreuz (A1/A2) verzeichnen. Der Allgemeine Deutsche Automobil Christenverband (ADAC) freute sich über 68.000 Pilger, die dort in 29.000 Fahrzeugen den Höhepunkt der neuzeitlichen Passionsspiele feierlich begingen.

Die christlichen Kirchen bewerten die massenhafte Teilnahme als »überwältigenden Beweis der Vitalität des Glaubens, aber auch für die innere Reformfähigkeit der Amtskirchen«. Die Entscheidung, »sich modernen Formen zu öffnen, um die Leiden Jesu auch für die heutige Generation im wahrsten Sinne des Wortes ›erfahrbar‹ zu machen«, sei absolut richtig gewesen. Die PKW-Pilger hätten das Angebot »voll angenommen« und sich »top motiviert« gezeigt.

Pfarrer Bernd Prangbusch von der evangelischen Seitenstreifenpredigerei Unna-Königsborn oblag die Leitung der Kamener Spiele. In brüderlicher Zusammenarbeit mit 250 Beamten der Autobahnpolizei, sei, so Prangbusch, »die Veranstaltung trotz des riesigen Andrangs in würdiger Atmosphäre durchgezogen worden«. Die wesentlichen Stationen des Leidensweges seien hautnah vermittelt worden. Ein großartiges event sei »die metaphorische Umsetzung des Auftakts der Passion Jesu, seine Gefangennahme« gewesen. Etwa 8.000 Teilnehmer seien Car-Freitagmorgen in einem »sechsstündigen Vollstau bis an die Grenzen ihrer Leidensfähigkeit gelangt«. Lediglich die von gelben Engeln des ADAC für 30 Silberlinge angebotenen, mit Essig-Essenz aromatisierten Erfrischungstücher hätten für etwas Linderung der Pilgerkörper- und Seelenpein gesorgt.

»Absolutes Highlight« sei dann der planmäßige abschließende Massenauffahrunfall direkt am Schnittpunkt des Kamener Kreuzes gewesen, für den sich 89 PKW-Halter angemeldet hatten. Golf GTI- und BMW-5er-Serie-Besitzer wurden bevorzugt. 15 Teilnehmern gelang es, den Passionsweg Jesu konsequent nach- und zu Ende zu fahren. Zu den bedrückenden Klängen der auf der Kriechspur lärmenden Pop-Gruppe Selig und ihrem Top-Hit »Knockin' on heavens door« sei dies, so Prangbusch weiter, ein »total sinnlicher, echt spürbarer Knaller gewesen, der sicherlich auch den zahlreichen gaffenden Ungläubigen voll durch Mark und Bein gegangen« sei.

Wegen des großen Erfolges wurde Prangbusch von seinen vorgesetzten Dienstherren schon am

Karsamstag mit den Planungen für eine »irre Himmelfahrtsshow mit übersinnlichen special effects« beauftragt. Austragungsort wird wieder das Kamener Kreuz sein. Termin am besten jetzt schon mal vormerken: Donnerstag, 21. Mai 1998. Beginn: nach Einbruch der Dunkelheit, Eintritt 75 DM, für Kirchen- und/oder ADAC-Mitglieder frei.

O du fröhliche
Gebrauchsanweisung

Nach der Wäsche hängt der fesche
Pulli reine an der Leine
Der Wäscher ist jetzt gut beraten
Nach Trocknung nicht noch zuzuwarten
Sondern ihn gleich abzuhängen
Sonst zieht er sich in lange Längen

Ein Gebrauchshinweis wie jener
Gilt dito für den Nazarener
Der rund um das Kalenderjahr
Achtlos und vergessen gar
Sonderzahl von Latten hängt
Doch wenn es dann zur Weihnacht drängt
Soll langer Lulatsch Gottessohn
Gestreckt von der Gravitation
Und abgemagert zum Gerippe
Auf einmal propper in die Krippe
Mit Babyspeck und Windeln an
Doch wie? Er ist drei Meter lang!
Drum merkt euch diesen Haushaltsrat:
Soll das Christkind akkurat
Zur heil'gen Nacht ins Strohbett passen
Dürft ihr es nicht hängen lassen
Andernfalls ist Dschieses Christ
Zur Unzeit X-large-oversized

Mit Borussia Dortmund im Ausland

Ein langer Tag in Manchester

»Mad cow disease« nennen es die Briten und das klingt, zumindest in unseren Ohren, doch etwas netter als die entsprechende deutsche Vokabel »Rinderwahnsinn«. Angeblich ist diese Krankheit ja englischer Herkunft. Ob ihre Verbreitung im Herkunftsland größer ist als etwa in unserer Heimat, muß jedoch zumindest nach Inaugenscheinnahme der englischen Stadt Manchester und eines Teils ihrer Bewohner stark bezweifelt werden.

Zwar war nicht medizinisch-epidemiologisches Interesse der Anlaß für dreieinhalb- bis viertausend Bürger der deutschen Stadt Dortmund, Manchester zu besuchen, sondern vielmehr das Halb-Final-Champions-League-Rückspiel der hiesigen Fußball-Mannschaft gegen den dortigen Club United, eine Teilmenge der sich am Morgen des 23. April 97 im Flughafen Münster/Osnabrück einfindenden Fußballfreunde vermittelte aber schon den Eindruck, als wolle sie den Ausflug nutzen, um einfach einmal rauszufinden, wie denn dieses Land eigentlich so ausschaut, aus dem sie ihr Leiden bezogen hat.

Oder ist es etwa das ganz normale Verhalten lediglich fußballinfizierter Mittvierziger, sich als neongrünschwarze Wurstpellen zu verkleiden, sich kniehohe neongrünschwarze Ringelstutzen über Hosenbeine zu ziehen, das altersbedingt spärliche Kopfhaar mit neongrünschwarzen Harlekinmützen zu kaschieren und die bereits sichtlich ermattete Osnabrücker Flughafenbarangestellte schon morgens um elf Uhr mit rauhkehligen und unermüdlichen »Mammanommmaachtpils!«-Bestellungen zu zwingen, sich düstere Gedanken über die Richtigkeit ihrer Berufswahl zu machen?

Nur gut, daß sich auch eine nicht unwesentliche Anzahl durchaus kultivierter, dezent gekleideter, höflichen Umgangsformen mächtiger, alles in allem also als Schmuckstücke ihrer Gattung anzusehender BVB-Liebhaber auf den Trip nach Manchester gemacht hatte und so bereits auf quasi noch heimischem Terrain vorurteilsneutralisierend einwirken konnte. So etwa unsere sieben-köpfige Runde, die sich nach dem Vorbereiter ihres Ausflugs fortan »Reisegruppe Rettler« nannte. Jene aber stand geschlossen an der nämlichen Theke, vermittelte unangestrengt den blendenden Eindruck weitgereister, sich an den Flughafenbars dieser Welt auskennender Vielflieger, bestellte zurückhaltend Kaffee und Croissants und versicherte sich gegenseitig halblaut, daß sie das vom Getränkewart Schmiedeskamp in edlen, samtschwarzen, mit kunstvollen, goldenen BVB-Stickereien verzierten Kühlköchern mitgeführte Büchsenbier in jedem Fall erst auf englischem Boden zu verzehren gewillt sei.

Und auch die atmosphärische Gemengelage im nun bald darauf abhebenden, bis an die Grenzen der Tragfähigkeit mit Fans vollgestopften Charter-Jet konnte dank der Reisegruppe Rettler durchaus auf international vorzeigbarem Niveau gehalten werden. Milde die von »Jetzt-geht's-lo-os«-Sprechchören neongrünschwarzer Wurstpellen übertönten Sicherheitseinweisungen der sichtlich nervösen Flugbegleiterinnen über sich ergehen lassend, diskutierte man lässig das Absturzverhalten von selbst in Arabien ausgemusterten Passagiermaschinen, die, notdürftig mit billiger Baumarktfarbe umlackiert, jetzt zum Zwecke des Transportes rinderwahnsinniger BVB-Fans verheizt werden. Schließlich saß man ja selbst in einem solchen. An den Unterseiten der Eßklapptische sah man jedenfalls nicht die dort sonst befestigten Aufschriften »Schwimmweste unter dem Sitz«, sondern eher orientalisch anmutende Schriftzeichen, wahrscheinlich also Kurzformeln von Koranversen, die bei tödlicher Gefahr im Verzug durch hastiges Vorlesen bis zum Aufprall eine schnellstmögliche Wiedergeburt gewährleisten. Da jedoch kein Angehöriger unserer Ausflugsgemeinschaft von rechts nach links zu lesen vermochte, wiewohl auch der Wunsch nach Reinkarnation nicht besonders stark ausgeprägt schien – das nicht zu beeinflussende Risiko, in einem nächsten Leben womöglich als Fan von Bayern München oder Schalke 04 durchs Dasein zu rumpeln, spielte hierbei die ausschlaggebende Rolle – da also selbst die business-class-gestähltesten, routiniertesten Mitglieder der Reisegruppe Rettler eine leichte Nervosität nicht länger leugnen konnten, erklärten sie kurzerhand den Himmel über Nordholland zum englischen Luftraum und waren so in der Lage, ohne ihren Osnabrücker Schwur brechen zu müssen, endlich ein beruhigendes Bier trinken zu können.

Wider Erwarten brachte der Pilot, vermutlich ein albanischer Freiwilliger, seine nicht zu entschlüsselnden Durchsagen wiesen ihn mindestens als einen solchen, wenn nicht als einen Thüringer aus, wider Erwarten also brachte der Pilot die Maschine kurz vor Manchester zum Stehen, so daß wir nun, zusammen mit ca. 60 anderen, etwa zur Hälfte neongrünschwarz Gewurstpellten in einem Bus zur Innenstadt expediert werden konnten. Eine besonders unförmige Pelle mit geschätzten 1,5 Promille Blutalkohol begehrte derweil beim mitfahrenden Angestellten des Reiseunternehmens Auskunft, ob in den von ihm verteilten Stadtplänen von Manchester auch die Puffs gekennzeichnet seien. »Sind da auch die Puffs drin?« wollte er mehrfach so undeutlich wissen, daß erst beharrliches Nachfragen des höflichen Angestellten alle Anwesenden insofern aus der peinlichen Berührtheit befreite, als daß Pelle nicht dauernd »Puffs«, sondern »Pubs« gesagt hatte, also einfach nur wissen wollte, ob es genügend Biergeschäfte in der Stadt habe, wo er sich bis zum Anpfiff, immerhin noch runde sechs Stunden, spielunfähig trinken könne.

Die kultivierte Reisegruppe Rettler aber nahm die verbleibende Zeit bis Spielbeginn als Gelegenheit, der Stadt Manchester und ihren Bürgern die angemessene, wohlwollende Aufmerksamkeit zuteilwerden zu lassen, durchmaß in schlendernder Form die City, deckte sich mit gültiger Währung ein, warf einige Blicke auf herumstehende Sehenswürdigkeiten wie Kathedralen und Kaufhäuser und stellte nach 35 Minuten fest, daß das Wesentliche nun wohl gesehen, Manchester also ziemlich genauso aufregend wie Dortmund und es nun an der Zeit sei, sich gewissenhaft auf das Spiel vorzubereiten, also zu essen und zu trinken und ansonsten den Kreislauf nicht unnötigen Belastungen zu unterwerfen.

Wären Manchestersche Speisen nur annähernd so freundlich wie das Personal, daß sie einem verkauft, hätten die frittierten Burger, frittierten Hotdogs, frittierten Fische, frittierten Chips und der wahrscheinlich ebenfalls frittierte Salat nur im entferntesten die geschmackliche Qualität, die den englischen Dienstleistern in punkto Höflichkeit und Gastfreundlichkeit zu eigen ist, der nachmittägliche Aufenthalt der Reisegruppe Rettler in vier, fünf Gaststätten wäre ein ausgesprochener Hochgenuß gewesen. Englische Speisen der uns angebotenen Art scheinen aber nur für die Angehörigen fremder Nationen bestimmt zu sein. Es ist absolut ausgeschlossen, daß sich der Engländer tatsächlich selbst von so etwas ernährt. Das kann er nicht wirklich – nein – und das tut er auch nicht. Wir jedenfalls haben keinen Engländer je öffentlich essen sehen. Mag ja sein, daß er es heimlich tut, weil er sich schämt, öligen Schmaggel mit Plötsch zu mögen. Ich glaube aber, daß der Engländer in Wirklichkeit gar nichts ißt, den frittierten Rinderwahn relativ preiswert an neongrünschwarze Wurstpellen abgibt und sich ansonsten alle überlebensnotwendigen Nährstoffe mittels Lager- und Bitterbeer zuführt. Eine relativ wohlschmeckende, elegante Umgehung sämtlicher mad-cow-disease-Gefahren, die darüberhinaus ein überaus freundliches und gelassenes Gemüt verursacht. Was bald nach endgültiger Entscheidung, es den Manchesteranern gleich zu tun und ebenfalls nur noch zu trinken statt zu essen, auch die Reisegruppe Rettler bestätigen konnte. »Zwei drei Pint, und der Tag ist dein Freund«, reimte man recht schlecht und fand sich allenthalben wieder in tiefsinnigen, sportlich fairen Gesprächen mit Man-United-Fans über die aktuelle Situation des deutschen und englischen Fußballs, die zugrundeliegenden historischen Parameter sowie darüberhinaus über die Entwicklung des Weltfußballs im allgemeinen. Das hätte noch Stunden so weitergehen können, wäre da nicht noch dieses Spiel gewesen, das so ausging, wie es mußte, weil Manchester United einfach zu blöd war, gegen eine zutiefst mittelmäßig spielende Dortmunder Mannschaft ein paar Tore zu schießen. Das meinten auch die englischen Tribünengäste, mit denen wir das Vergnügen hatten, schon während des Spiels angeregt zu plaudern. Eine Plauderei, die sich noch bis weit nach Spielschluß hinzog, weil die Polizei selbst unsere Man-United-Freunde nicht aus dem Stadion ließ. Schließlich hatten sie die falschen Plätze – neben uns. Und selbst die Mitglieder der kultivierten Reisegruppe Rettler wurden aus Sicherheitsgründen für Hooligans gehalten und mußten dableiben, bis die meisten Engländer gegangen waren.

»Nice to meet you« und »hope to see you next year«, waren die letzten englischen Worte, die wir mit unseren Sitznachbarn tauschten. Dann gab es noch ein freundliches shake-hands mit den gutgekleideten englischen Ordnern und von denen ein paar herzliche »congratulations«. Keine Spur von Rinderwahnsinn bei diesen netten Menschen. Nun gut, wir sind alle keine Ärzte. Gröbere Symptome aber kann wahrscheinlich auch der Laie erkennen.

Im Flugzeug nach Osnabrück jedenfalls saßen nicht nur neongrünschwarze Wurstpellen, sondern eben auch einige Restbestandteile der Reisegruppe Rettler, deren sprachmotorische Ausfälle gelinde gesagt zu Befürchtungen in diese Richtung Anlaß gaben. »Jürgen Kohler Fußballgott« raunzte es allenthalben unrhythmisch aus nicht nur vor Stolz geschwollenen Mündern. Und nachdem die übermüdete Stewardess pflichtgemäß ein weiteres Mal die Verhaltensmaßregeln bei plötzlichem Druckabfall heruntergebetet hatte, fügte ein namentlich nicht genannt werden wollender noch schwach hinzu: »Jürgen Kohler Druckverlust.« Dann schwebte er ab ins süße Reich der Finalträume. Er hat es bis zum heutigen Tage nicht verlassen.

Musik
Der Baumarktprofi

Guten Tag. Mein Name ist Peter-Hans Kaltenbecher. Als Leiter einer führenden Filiale einer namhaften Baumarktkette im westlichen Westfalen, also östliches Ruhrgebiet, was aufs selbe rauskommt, möchte ich sozusagen einmal aus professioneller Perspektive eine Stellung beziehen zum Problem der Hintergrunduntermalung von Verkaufsräumen mit umsatzfördernder Musikberieselung.

Was soll ich dazu sagen?! Ich muß es ja wissen, rauscht doch auch in meinem Ladenlokal von morgens bis abends dieses nervtötende Gedudel unsichtbar aus den insgesamt 35 strategisch so geschickt verteilten Lautsprecherboxen, daß man aber auch kein einziges Plätzchen findet, wo man davon verschont bleibt, noch nicht mal – also da, wo man sich zurückzieht, um eine private Erledigung zu verrichten, die außer einem selbst keinem was angeht. Ich habe mich seinerzeit mit allen zur Verfügung stehenden Händen und Füßen dagegen gesträubt, auch in meiner Filiale diese gegen meine Überzeugung gehende Musikgehirnwäsche einzuführen. Aber was sollte ich machen – sie kam von ganz oben. Die Konzernspitze hatte sich von einem im psychologischen Unterbewußtseinsbetrug geschulten Expertenteam überzeugen lassen, daß durch den gezielten Einsatz von gedankenzerstreuender Lala der Umsatz um etliche Prozentpunkte gesteigert werden kann. Und leider mußte ich schon nach kurzer Zeit eingestehen, daß da was dran war – beziehungsweise drin, in der Kasse, also Reibach. Und so mußte auch ich diesem guten Zweck die Mittel heiligen.

Und es ist wirklich verblüffend, wie man mit gezieltem Psychoterror in Form von hintenrum plätschernder Musik die Kundschaft am Kaufen hält. Mittlerweile bin ich selber schon so'n Fuchs, daß ich weiß, wenn ich bestimmte Artikel verkaufen will, welches Gesummse ich auflegen muß. Wenn ich zum Beispiel merke, daß schweres Gerät, also Schlagbohrmaschinen und Spaltäxte schlecht gehen, schmeiß' ich die Kassette mit Juliane Werding in den Rekorder. Die singt ja immer dieses weggetretene Zeug, daß sie Stimmen hört und unter ätherischen Einflüssen leidet. Ich sag's Ihnen: Fünfzehn Minuten Juliane Werding – und die anwesende Kundschaft ist derartig aggressiv, daß sie mir wie in einer unterschwelligen Übersprungshandlung sogar die teuersten Kettensägen nur so aus dem Laden schleppt. Gute Erfolge leistet auch die volkstümliche Pop-Musik, also Marius-Müller-Westernhagen oder Pur. Die lege ich immer auf, wenn ich absolute Ladenhüter verramschen will. Minderwertige, poröse Gartenschläuche etwa. Oder Nadelfilz-Teppichfliesen 3. Wahl – krieg' ich ab und zu zu Schrottpreisen aus Albanien rein. Tja – es ist erstaunlich, aber zu erklären. Noch den letzten

Mist krieg' ich günstig vertickt, wenn ich das musi-
kalische Programm entsprechend billig darauf
abstimme. Und erst, wenn alle weg sind, nach Feierabend – beim Kassensturz – dann schmeiß' ich
meinen persönlichen Riemen auf die Orgel. Denn
wenn ich mir schon den ganzen Tag nur des guten
Umsatzes wegen die musikalischen Nerven ruinie-
ren muß, will ich wenigstens beim Geldbomben-
stapeln meinen Spaß haben. Dann fange ich ganz
sachte an. Mit AC/DC. Aber spätestens beim Hart-
geld geht's richtig zur Sache. Und unter Metallica
läuft da gar nix. Immer für Sie da! Ihr Baumarktprofi

Peter-Hans Kaltenbecher

Entscheidung

Ich könnte aus dem Leben geh'n
Vielleicht mit einer Kugel
Oder mit 'nem schnellen Satz
In einen Meeresstrudel

Ersticken könnt' ich mich mit Gas
In abgeschloss'nem Raum
Zur Not reicht auch der PKW
Zerschellt mit mir am Baum

Gift wär' eine Variante
Beziehungsweise Aderschnitt
Infrage käm' auch Intercity
Am Bahndamm, nur ein kleiner Schritt

Klassisch wäre wohl die Schlinge
Moderner schon der gold'ne Schuß
Es täte aber auch der Sprung
Brücke abwärts in den Fluß

Tja, mein Schatz, da staunst du wohl
Da kuckst du reichlich dumm
Es liegt an dir
Zisch einfach ab
Denn wenn du bleibst
Bring' ich mich um

Warum hat der Papst schlechte Laune?
Ein Ortstermin

Wenn man den Papst manchmal so sieht, könnte man meinen, er hat ständig schlechte Laune. Immer dieser griesgrämige Blick. So verkniffen. Steht miesepetrig vor Sankt Peter rum, als bekäme er es nicht bezahlt und knöttert seine Segen und Gebete in die Mikrofone. Gottseidank, kann man nur sagen. Ohne Mikrofone und Lautsprecher würde man ja schon mal gar nichts verstehen. Der kriegt beim Sprechen die Zähne ja nicht auseinander. Genau wie Omma Tille. Omma Tille hatte die gleichen Allüren. Wenn die schlechte Laune hatte, nörgelte sie auch immer so rum. Nichts konnte man ihr recht machen. Links war dann rechts und die Sonne drehte sich um die Erde und wehe, man man widersprach. Dann wurde man schlimm beschimpft, oft auch vulgär. Ich will das gar nicht wiedergeben, sowas von unterster Kante war das. Omma Tille war jedenfalls ganz schrecklich in diesen Momenten. Ein großes Problem für die mit ihr Verkehrenden war allerdings, daß sich diese Momente im hohen Alter so tagesfüllend ausdehnten, daß man von Glück sagen konnte, wenn man Tille mal bei guter Laune erwischte. In ihren letzten zwei, drei Jahren war das kaum noch der Fall.

Da quengelte und jengelte sie eigentlich nur noch rum und machte uns wenig Freude. Aber das hat man ja oft bei alten Menschen. Nicht wenige vermitteln ziemlich eindrucksvoll, daß es jetzt reiche und sie lange genug da gewesen seien. Alles andere sei besser als noch länger hier rumzuhängen und sich der versammelten Bekloppheit einer nicht mehr nachvollziehbaren Welt auszusetzen. Ein durchaus verständliches Resultat nach gut 80 Jahren Anwesenheit auf dem Planeten. Selbst unsereiner, der mal gerade die Hälfte dieser Strecke hinter sich gelassen hat, kennt ja jene trüben Tage, an denen man unerbittlich bilanzierend ins Bierglas schaut und sich sagt »gut, das jetzt noch, aber dann ist endgültig Schluß«. Und wären in diesen Momenten der Finsternis nicht jedesmal gute Menschen zur Stelle gewesen, die einem in unbewußt lebensrettender Absicht direkt ein frisches hingestellt hätten, wer weiß, ob dann jemals ein Text entstanden wäre, in dem ein Vergleich zwischen meiner Omma und dem Papst gezogen wird.

Ein zweifellos unzulässiger Vergleich, denn über die Gemütsverfassung des Papstes kann ich im Gegensatz zu der meiner Omma selbstverständlich nichts auch nur annähernd Gesichertes bekanntgeben. Ich kenne ihn ja überhaupt nicht und das bißchen, was man von ihm im Fernsehen zu Gesicht bekommt, läßt doch nur Vermutungen zu. So wahrscheinlich ist es nämlich nicht, daß sich der derzeitige Nachfolger des Menschenfischers so wie Omma Tille immer nur griesgrämig und nervensägend durchs Dasein nölt. Sicher, das Amt ist eine schwere Bürde. Es gibt immer viel zu tun, und der Tag reicht nie, um alles zu erledigen, was zu erledigen ist. Auch die Sorgen sind bestimmt mannigfaltig. Viele Kreuze müssen getragen werden, die Firma operiert weltweit und ist so strukturiert, daß alle weitreichenden Entscheidungen in letzter Instanz vom Chef selbst gefällt werden müssen.

Andererseits aber muß man auch mal sagen, daß es der Papst so schlecht nicht getroffen hat. Bestimmt wären andere Männer in vergleichbarer Funktion, also zum Beispiel der Vorstandsvorsitzende von General Motors, froh, wenn sie ihrer beruflichen Tätigkeit nicht in einer Industriestadt wie Detroit, sondern im wunderschönen Rom nachgehen dürften. Das ist doch ein großer Vorzug. Man kann sich nämlich gar nicht vorstellen, daß man, wohnte man selbst in dieser Stadt, überhaupt mal depressive Zustände bekäme, die länger als eine Viertelstunde dauerten. Ich bin mir ganz sicher, daß meine Omma, wäre sie wie der Papst im letzten Lebensdrittel in die italienische Hauptstadt umgesiedelt, umgänglicher gewesen wäre. Zwar zog sie gerne mal pauschal über alle Ausländer her, die ihr nach dem Zufallsprinzip arbeitendes Hirn in das Lästermaul runterreichte. Diese undifferenzierten Verunglimpfungen von Spaghetti- und Knoblauchfressern, Polacken und den Blödmännern von der CDU, die ihr immer die Rente kürzten, waren aber nicht wirklich ernst zu nehmen, zumal sich das auch in SPD-regierten Zeiten nicht änderte. Omma Tille kannte keinen von diesen Menschen, die sie ständig zur Hölle oder dahin zurückwünschte, woher sie gekommen waren. Wäre sie nur einmal in Rom gewesen, sie hätte sich zu ihrem Vorteil verändert. So aber wurde ihr geriatrischer Dauerrochus einzig genährt von diffusen Schreckensbildern, die sie dem immer eingeschalteten Fernseher entnahm. Eine Methode, die auch viel jüngere Menschen zuverlässig und dauerhaft in Wahnwelten transportieren kann.

Um den Papst aber muß man sich solche Sorgen nicht machen. Der wohnt schließlich in der ewigen Stadt und muß nicht Televisionen haben, wenn er die bedrückende Alltagslast zerstreuen will. Er kann einfach raus- und in die schöne Stadt gehen. Wenn er nicht gerade seine auffälligste Arbeitskleidung anlegt, sondern vielleicht nur ein schlichtes Priestergewand, wird er niemandem auffallen. Rom ist voll mit soutanentragenden Flaneuren. Die gehören zum Stadtbild wie einst die aschgrauen NVA-Aktentaschen zur Hauptstadt der DDR. Und wie die nicht um Autogramme angegangen wurden, könnte auch der Papst unbehelligt von aufdringlichem Publikum durch Rom schlendern. Spätestens ab Mitte März von milder Frühlingssonne beschienen am Tiber entlangstreifen, ein Kirchenmann unter vielen. Ein Jedermann, der tut, was jeder in Rom zu tun scheint – den lieben Gott einen guten Mann sein lassen. Auf Plätzen herumsitzen, sich von flinken Obern große Gläser mit Café Latte bringen lassen. Mittags vielleicht ein bißchen mariniertes Gemüse und eine kleine Portion Pasta. Anschließend eine der unzähligen und riesigen Eisdielen ausschlecken, wieder auf einer Piazza ein

78

wenig dem Dösen anheimfallen, um schlußendlich und fließend in das garantiert gute und üppige Abendmahl hineinzugleiten.

Wer so seine Tage verbringen darf, der kann eigentlich nicht dauerhaft übellaunig werden. Und betrachtet man die freilaufenden Einwohner von Rom, bestätigen sie einem diese Vermutung auf sehr angenehme Weise. Es wird geschwatzt und gegessen und flaniert und gegessen und gutausgesehen und gegessen. Und das alles und immer in einer irrwitzigen historischen Kulisse, in einem bewohnten Museum. Kirchen und Palazzi und Säulen und Springbrunnen. Dazwischen haben offensichtlich Generationen von phlegmatischen Architekten und Stadtplanern versucht, so etwas wie Verkehrsstraßen anzulegen. Sie sind grandios, aber bestimmt gutgelaunt gescheitert. Nein, in dieser Stadt bekommen sicher selbst die größten Versager keine schlechte Laune.

Warum aber der Papst? Jetzt macht er wieder ein Gesicht, als hätte er eine Schachtel Reißzwecken zum Frühstück gehabt. Dabei ist heute ein besonders freundlicher Tag in Rom. Die Sonne lacht über dem Petersplatz. Es ist Sonntag, Palmsonntag, und der Papst hat die Blumenkübel rausstellen lassen. Horden von Jugendlichen schleppen Stechpalmentöpfe vor den riesigen weißen Baldachin, unter dem der Papst die Messe liest. Die Kinder sind guter Dinge und schauen glücklich drein. Sie simulieren den Einzug Jesu in Jerusalem. Was oder wen aber simuliert dieser öllerige Papst? Den seine nahende Kreuzigung bereits ahnenden und deswegen niedergeschlagenen Jesus selbst? Oder sogar meine Omma? Macht sie Telekinese mit ihm? Steigt sie ab und zu aus ihrem Schattenreich herauf und beschimpft ihn? So, wie sie es auch zu Lebzeiten tat, wenn er am ersten Feiertag vor der Weihnachtsgans im Fernsehen auftrat? Bellt sie dann wie damals »Da ist er wieder, der pißpottschwenkende Polacke«? Ich hoffe nicht.

Und wenn doch, dann sollte der Papst die Größe haben und ein guter Hirte sein, über seinen Schatten springen und die Seele meiner Omma retten. Ganz in der Nähe des Petersdoms sind ein paar großartige Eisdielen. In eine davon sollte er sie einladen. Wenn er bezahlt, kommt sie bestimmt mit. Und beide haben anschließend bessere Laune.

Denn Eis essen kann man in Rom wirklich gut.

Ode an Gott Wurm

Was ist denn Schöpfung and'res als Verbrennung
und Verrottung?
Ja, was wohl noch denn Wandlung Abfalls in ein
neu erblüh'ndes Sein?
Schaut zum Beweis doch einmal nur ins Latten-
viereck draus im Garten,
wo gammelnd Altsalat und Rasenschnitt bedeckt
von Blattlaub
innig schwitzend gären.
Wo ausgelaugter Beuteltee wie Zeh- und Fingerna-
gelspan
im kesselimprägnierten Holzbett friedlich mulmen
und im Verein mit Kaffeesatz nebst splittrig Kalk
von Huhnes Ei
dem glibbrig Wenigborster namens Wurm als
Mahlzeit sich ergeben.
Ach Kam'rad Wurm, der du mit deinesgleich zu
Tausend durch die Matsche flutschst,
mit aufgeriss'nem Maul der Menschen Mist ver-
würgst,
der du ohn' Unterlaß in ew'ger Kompostnacht ganz
klaglos stumm den
Gottesdienst verrichtest,
der du die nichtgewählte Pflicht erfüllst und
kriechst und kaust,

wie noch im selben Augenblick verdaust,
mit and'rem Wort dich »löst«,
von Stuhlgangspur so zart und fein, daß nur des
Mikroskopes Okular
uns Grobgesicht'ge dieses Wunder schau'n läßt.
Doch wenn der Lenz uns schickt den ersten warmen Gruß ins Beet,
wenn Sonne Staudenkeim und Rosenknospe weckt,
wenn Flora sich zum Lichte streckt und Nahrung
ordert schrill,
dann ernten wir gleich karrenweis' die Köttel,
die du Wurm leis' und heimlich still
zu großen Haufen schichtend schissest
und die nun erdig duftend Zier- und Nutzenpflanz-
reich düngen.
Und siehe, aus dem Humus wächst sodann ein
neues Leben,
das in Bälde als Gemüs' in uns'ren Töpfen dampft,
beziehungsweis' in Vas' und Schüssel blumig duftend prachtet.
Ja Wurm, du hast den Stoff, den wir verschmähten,
gut gewechselt.
Du warst und bist es, der die Nahrungskette
schließt,
Garant dafür, daß das, was faulig geht, durch dei-
nen Darmgang neu ins Leben schießt.
Was ist denn Schöpfung and'res als Verbrennung
und Verrottung?
Die Antwort lautet schlicht und dicht, sie ist der
Würmer Taten.
Drum hütet sie und achtet stets, wohin ihr setzt die
Spaten!

Teilt niemals nicht das Tier durch zwei, sonst geht es glatt
kapott.
Denn tötet ihr den kleinen Wurm, dann auch den großen
Gott!

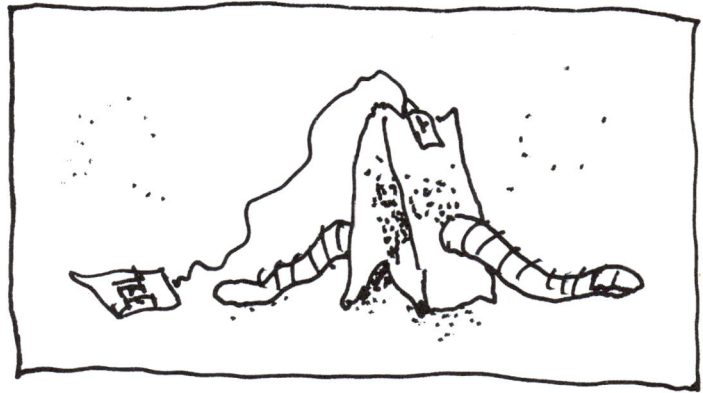

Couleurs de Bretagne

bleu

Am Anfang des Tages
Seh' ich nur plages
Hingegen am Ende –
Strände ...

vert

Fahr' ich à gauche?
Oder à droite?
Ab in die vagues?
Oder ins Watt?
Trop de questions
In der circulation.
Die décision lautet:
»Toutes directions!«

jaune

Ein Strich in den Sand
Für den siebten jour.
Ein Häuchlein von vent

Verweht seine Spur.
»C'est le destin«,
Denk' ich und gähne,
Perdue la nuit
Und perdue die semaine.
Et bonjour la nouvelle,
Steh' auf und leb'!
Encore un café,
Et en suite une crêpe.

rouge

Wenn du großen Hunger hast,
Säge nicht am Hummerast!
Zerstöre seine Schale
Nie durch das Brutale!
Hammerschlag und Sägeblatt
Machen zwar den Hummer platt,
Jedoch die Hummerinnerei
Wird durch Gewalt aussi zu Brei.
Sei zart und schone den Hommard,
Mach's lieber nach Bretonenart:
Die wahren Connaisseure
Sind Schalentiermasseure.
Sie kneten und sie walken,
Bis Hummer sich entkalken
Und freiwillig ihr Innendrin
– Dies feste, weiße Protein –
Aus ihrer Festung lösen
Und man mit Mayonösen dann
Die Hummrigen erlösen kann.

Der Bücherherbst

Wolf Biermann: »... und schenk' Dir meine pralle Lust!« Neue kernige Gedichte, 158 Seiten, 35 farbige Abbildungen, 17 DM, Heinrich Bauer-Verlag.

Textauszug:
Mein voller Schoß (Fragment):
Ach dachtet ihr denn
In all eurer Torheit
Es hätte kein Platz
Ihr Arsch mehr auf mir?
Jetzt schaut ihre Backen
Wie sie so ganz nacken'
Mein Tier fast zerdrücken
Mit Wollust und Gier.
Ach rück' nur ein Stück
Du hinternes Luder
Dann hat meine Klampfe
Neben dir Platz.
Noch mit blutigen Schwielen
Will ich es spielen
Mein Lied für den Arsch
Mein Lied für den Arsch
Mein Lied für den Arsch
Für den Arsch ...
Für den Arsch ...

(Und jetzt müßte eigentlich noch kommen, daß der geteilte Arsch eine Metapher für das geteilte Deutschland ist und in meinem Schoß durch den heißen Kolben meiner Begierde (Ahh!) zusammengelötet wird, und das druckt dann der *Spiegel*...)

Alfred Biolek: »*Die Rezepte der entfernten Verwandten meiner Gäste*«*, 184 Seiten, zahlreiche farbige Abbildungen, 48,90 DM, Verlag Teuer & Gelddruck.*

Textauszug:
Eines Tages rief mich mein alter Freund Rudolf Mooshammer aus München an und erzählte in seiner wirklich witzigen Art von seinem alten Freund Gerhard Meir, der ja in München, aber nicht nur da, ein äußerst prominenter Prominentencoiffeur ist, daß der einen Cousin großmütterlicherseits in Oer-Erkenschwick habe, der uuuunglaublich leckere Schlobbjes mit Mazzke machen könne. Ich sagte zu Rudi, »Mensch Rudi, daaaas Rezept mußt du mir besorgen, Schlobbjes mit Mazzke kennt ja heute kein Mensch mehr. Meine Mutter hat mir damals in Böhmen – weißt du, ich bin ja Böhme von Herkunft an ungeraden Tagen, an geraden bin ich Mähre, hähähä, wir machen immer diese köstlichen Witze – also Schlobbjes mit Mazzke, wenn du mir das Rezept besorgst, dann koch' ich mal einen Abend Schlobbjes mit Mazzke, und dann lade ich dich und den Gerhard dazu ein und sonst keinen.« Und er hat's mir dann besorgt,

und es war ein irrsinnig toller Abend. Dazu haben wir einen ganz einfachen Landwein getrunken. Der paßte perfekt. Es muß nicht immer der Teure sein, obwohl man natürlich zu Schlobbjes auch einen Teuren trinken kann.

Martha Grimes: »Inspektor Jury liegt unter Frauen«, 212 Seiten, 24,80 DM, rororo.

Textauszug:
Jury zückte seinen Dienstausweis. Macalvie schaute erst ihn und dann wieder Constable Betty Coogan an. Schließlich sagte er: »Sie haben doch gewußt, wo ich stecke. Warum zum Teufel haben Sie mich nicht schneller rufen lassen?«

Sie schaute zu Boden. Ja, sie hatte den in diesem District zuständigen Chief Superintendend erst drei Stunden nach der Entdeckung der Leiche verständigt. Stattdessen hatte sie Scotland Yard angerufen und Superintendend Jury gebeten, mit ihr zum Tatort zu fahren. Eine halbe Stunde später hielt Jurys cremefarbener Rover vor der Tür ihres kleinen, pastellfarbenen Reihenhauses in der Wilshire Street.

Über Nacht war Schnee gefallen. Jury liebte Schnee seit seinen Kindertagen. Ein jungenhaftes Lächeln umspielte seine blaßrosa Lippen, als er den zierlichen Türklopfer dreimal an die lindgrüne Holztür schlug. Betty öffnete sofort. Noch bevor Jury den Mund zur Begrüßung öffnen konnte, ahnte er ihre nur mit einem fliederfarbenen Negligé bedeckte, schneefarbene Weiblichkeit. Und obwohl Jury Schnee seit seinen Kindertagen liebte, fragte er brüsk: »Constable, was hat das zu bedeuten?«

Betty verzog den breiten Mund zu einem spöttischen Grinsen: »Ach hören Sie schon auf, Jury. Seit ungefähr 20 Bestsellern stapfen Sie durch zauberhafte Winterlandschaften und sehen gut aus. Auf wenigstens 5.000 Seiten klären Sie mäßig verzwickte Mordfälle auf und machen währenddessen einen guten Eindruck auf das weibliche Romanpersonal. Aber noch nicht ein einziges Mal haben Sie es auch nur versuchsweise mit einer dieser englischen Puderdosen getrieben. Was sind Sie? Ein Eunuch? Also los, stehen Sie nicht so blöd im Schnee rum! Kommen Sie endlich rein und legen Sie mich verdammt nochmal flach! Zum Tatort können wir danach fahren. Die Leiche läuft uns nicht weg.«

Jury riß sich noch im Hineingehen die maßgeschneiderten Langweilerklamotten vom Leib. Wie ein von Ketten befreites Raubtier stürzte er sich auf Constable Betty Coogan und versank in einem blutroten Meer der Leidenschaft.

Fritz J. Raddatz: »Mein Jünger«, 399 Seiten, 69,12 DM, ZEIT-Verlag.

Textauszug:
War er es, der den Adoleszenten zuerst erschaudern ließ vor den mählich sich auftürmenden Schaumkronen dräuender Mannestortur? Er, der

90

Sprachvergewaltigende? Er, der Sprachgewaltige? Er, der Kriegs-Jünger? War er es, der ihm, dem jungen Fritz, dem süchtig Sinnsuchenden Ekel- und Abscheuwitterung in die Fährte wehte? Der ihn scheuen ließ vor allgegenhaftem Militanzpopanz und rückgratkrümmender Jawollordnung? Und war er es, der den sein Werk Verschlingenden, Verschließenden und Fliehenden desertieren ließ? Unterschlupf und kristallene Zukunft findend bei dem anderen Großen? War er es, der ihn so früh schon und in nie wieder erreichter Klarheit rufen ließ: »Nein, nicht mein Jünger! Mein BRECHT!«? Ja. Er war es. Er.

Zum 3. Oktober
Alle Kassen

Es brummt dem deutschen Einheitstropf
Der Einheitsschmerz im Eierkopf.
Nationalsynapsen wüten
Vom angestrengten Mythenbrüten:
Die Schale hart, der Keks ist weich,
Alle Deutschen wesensgleich?
Fix und Fox und Plisch und Plum?
Alt und jung und klug und dumm?
Mann Weib Kind und Schäferhuhn?
So zieht der Schmerz nach unten um,
Vom Hirn bis in den Kieferknochen.
Wo hundertzwanzig Pulse pochen.
Direkt unterm Weisheitszahn.
Sitzt der eitrig' Gleichheitswahn,
Da hilft kein Schnaps, kein Baldrian,
Da muß der Onkel Doktor ran.
Bei nationaler Infektion,
Heilt nur brutale Extraktion.
Sowas macht der Spezialist,
Sein Name ist Identitist.

Zum Fressen

»Liebe geht durch den Magen.« Ja, dieser Satz ist
ganz wahr. Zugegeben, auch solche in der Empfin-
dungshierarchie unterhalb von »Liebe« einzustu-
fenden zwischenmenschlichen Gefühlsverwerfun-
gen wie »Verknalltsein«, »Verkucktsein« und »Ver-
heiratetsein« können durch gezielt eingesetzte
Kochkünste günstig beeinflußt werden, aber nur
die wahre, die große Liebe geht wirklich durch den
Magen.

Die moderne Technik kann entscheidend zur Be-
stätigung dieser These beitragen. Ich empfehle
dazu eine vom Fachmann, also vom Internisten
gefertigte Ultraschallaufnahme des Magen- und
Darmtraktes des oder der Angebeteten, vorzugsweise die Besichtigung des live-Bildes auf dem
Monitor. Wer nur einmal einen verzagten Blick auf
diesen »Verdauungsapparat« genannten, zucken-
den und blubbernden Matsch geworfen hat und
trotzdem nicht einen Hauch von Abneigung gegen
dessen Inhaber verspürte, kann mit Fug und Recht
sagen: »Ich bin unsterblich verliebt!«

Unsere ohne diese absichernden Verfahren der
High-Tech-Medizin in Gefühlsstrudeln taumelnden
Vorfahren müssen das alles schon geahnt haben.
Schließlich waren sie es, die unsere Sprache ver-

dauungsmetaphorisch anreicherten. Wer etwa das Objekt seiner Begierde »zum Fressen gern« hat, scheut sich in der Regel noch nicht mal davor, es in Momenten intimer Unbeobachtetheit »mein kleines Scheißerchen« zu nennen. Ganz zu schweigen von noch geschmacksferneren Koseungetümen wie »Zuckermausi«, »Sahnetörtchen« oder »Speckischatzi«.

Wie wir aber hoffentlich alle wissen, ist es gerade die große Liebe, die gerne auch mal in ihr Gegenteil umschlägt. Und deswegen geht nicht nur sie, sondern eben auch der Haß geschwürträchtig durch den Magen. Und wieder findet auch er seinen Auswurf in unserer dehnfähigen Sprache. Kleinere, unbedeutende Anlässe werden streithalber noch »Zankäpfel« genannt. Kocht der Konflikt dann aber heiß hoch, schäumen die Liebe-und-Haß-Kombattanten erst einmal vor Wut wie platzende Blasen auf anbrennender Milch, werden ganz gratis und gar nicht selten satte »Ohrfeigenrationen« ausgegeben. Spätestens dann aber gibt es kein Randhalten mehr und zügig wechselt der Diskurs in den Bereich der noch nicht zubereiteten Lebensmittel. Gerne werden dann schon mal ganze Tiere ausgewürgt, die »dusselige Kuh« zum Beispiel oder auch deren kastrierter Gatte, der »blöde Ochse«. Ist die ungewaschene Schnauze erst richtig voll und auch der Hals dick wie ein Laib Brot, wummert die unkontrollierte Wut in grollenden Bäuchen, dann haben ihn die Streithähne wohl nicht selten mit dem Fluch beendet: »Dich soll doch der Blitz beim Scheißen treffen!!!«

94

Schade eigentlich, daß unsere schöne Sprache, die wir doch mit der Muttermilch eingesogen haben, so in den Gulli geschwemmt wird. Und gerade versöhnungswillige Liebende wissen, wie zeitaufwendig und teuer ihre Aufbereitung manchmal sein kann. Mahlzeit!

Esoterik
Der Baumarktprofi

Guten Tag. Mein Name ist Peter-Hans Kaltenbecher. Als Leiter einer führenden Filiale einer namhaften Baumarktkette im westlichen Westfalen, also östliches Ruhrgebiet, was aufs selbe rauskommt, möchte ich sozusagen einmal aus professioneller Perspektive eine Stellung beziehen zum Problem der Findung des Sinns des eigenen Ichs oder des persönlichen Daseins mit Hilfe verschiedener Hilfsmittel, die uns dabei behilflich sind, das, was tief in uns drin als Kraft der Innerlichkeit verschüttet ist, aber angeblich mehr oder weniger verkümmert eben doch irgendwo noch rumkrebst, wieder an die Oberfläche zu befördern, also: die Esoterik.

Was soll ich dazu sagen?! Ich muß es ja wissen, ist es mir doch schon vor einer Zeit, als noch kein Mensch daran gedacht hat, daß es sowas wie Esoterik überhaupt mal zu einem Wirtschaftsfaktor bringt, ist es mir also gelungen, durch spezielle Ausrichtung meines Baumarktsortimentes auf die Bedürfnisse sinnsuchender Heimwerker einen Umsatz in nicht unerheblichem Ausmaß zu erzielen. Und das bei Preisen, die der herkömmlichen Esoterikzubehörhandelbagage solange die Schamröte in die Visagen treibt, bis sie blaß vor Neid den Konkurs ins tränende Auge fassen muß. Denn genau wie zum Beispiel beim Sanitärsortiment oder bei Farben und Lacke gilt bei mir natürlich auch bei der Zubehör- und Ersatzteilpalette für Wertewandel der eiserne Grundsatz: »Der kleine Mann und seine Frau muß es sich leisten können!«

Denn – machen wir uns nix vor – das, was der im Gestrüpp zwischen Sinnlichem und Übersinnlichem rumstöbernde Durchschnittsverbraucher zur Deckung des täglichen Esoterikbedarfes braucht, das muß er sich nicht für teures Geld vom zweifelhaften Schamanen andrehen lassen, das kann er sich genausogut und billiger selber basteln und das nötige Zubehör bei mir besorgen. Zum Beispiel runde Steine, die, wenn man sie bei Vollmond in die Hand nimmt und ausdauernd knetet, ihre Energie in die Hand abstrahlen, woraufhin im Körper des Knetenden die Kraft des Steines sich ausbreitet und die ganze Macht, die quasi als elementare Wucht des Universums gewissermaßen vom Stein aus durch die menschliche Pranke in Bereiche vordringt, zu denen wir normalerweise keinen Zugang erhalten, weil sie bewußtlos in uns am verrotten sind, ohne daß wir das merken.

Kapieren Sie das? Ist auch nicht nötig! Wir sprechen ja über Sachen, die über den normalen Verstand erhaben sind. Wichtig ist nämlich nur, daß Sie wissen, daß Sie bei mir in der Baustoffabteilung eine riesige Auswahl von preiswerten runden Steinen haben. Wunderschöne gewaschene Kieselsteine zum Beispiel, die ich in großen Gebinden

normalerweise für die Umrandung von Gartentei-
chen oder für die Oberflächendrainage an Haus-
wänden vorrätig halte. Wenn Sie mich fragen, ist
da mindestens soviel Energie drin, wie in irgend so
einem 350-Mark-Lavabrocken, der angeblich bei
günstiger kosmischer Wetterlage von esoterischen
Strahlungen in Australien energisch befruchtet
wurde. Ich schwöre es Ihnen in die knetende Hand:
Ein dicker Brocken aus einem x-beliebigen Stein-
bruch im Sauerland tut's auch.

Denn eins steht fest: Esoterik hin und her. Ver-
arschen können Sie sich auch alleine. Und wie's am
preiswertesten geht, erfahren Sie bei mir. Immer
für Sie da! Ihr Baumarktprofi
                           Peter-Hans Kaltenbecher

Schröder – die Werbung

Putzfrauen Schröder, die sozialdemokratische Job-
maschine. Holen Sie sich Ihre billige Aushilfskraft.
Putzfrauen, Schuhputzer, Tütenschlepper, Müll-
schlucker, Fußabtreter. Einfach Bezugsschein beim
Sozialamt anfordern. Putzfrauen Schröder – Partner im Team der Bundesrepublik Deutschland.
0228 53 20 – RUF' AN!!!

Schröder, das sozialdemokratische Autohaus. Die
besten, modernsten und größten Autos der Welt.
Auf deutschem Boden soll nie wieder ein japani-
scher Kleinwagen geparkt werden. Autohaus
Schröder, direkt neben der Willy-Brandt-Gedächt-
nistankstelle. Autohaus Schröder – Partner im
Team der Bundesrepublik Deutschland. 0228 53 20
– RUF' AN!!!

Titelblatt Schröder, der sozialdemokratische Illu-
striertendienst. Gestochen scharfe Umschlagfotos
für jede Gelegenheit. Lieferbar in den Formaten
schröderquer, schröderhoch und schröderköpf. Für
alle handelsüblichen Papierqualitäten geeignet.
Titelblatt Schröder, billiger geht's nicht. Beliebige

Mengen kostenlos in der ollen Baracke anfordern.
Titelblatt Schröder – Partner im Team der Bundesrepublik Deutschland. 0228 53 20 – RUF' AN!!!

Warum darf der spielen?
Eine fachmännische Kommentierung
in 9 Akten

Ort: Westtribüne des Westfalenstadions
Teilnehmer: Der eine (1)
              Der andere (2)
              Noch einer (3)
              Dieser und jener (4)

I. Die Mannschaften laufen auf.

1: Hat der das Juwel wieder aufgestellt?
2: Jou.
1: Ich versteh' den nicht.
2: Tja.
3: Laß man – der macht heute 'n Tor.
1: Aber nur, wenn sie ihm den Ball vor 'n Kopp
   schießen.

II. 1. bis 18. Spielminute.

4: Ker'!Ker'!Ker'!!!
1: Ich weiß nicht, warum der das Juwel aufstellt!
3: Hör doch ma' auf, dauernd auf den zu meckern!

102

1: Der sieht doch keinen Ball! Siehsse doch die ganze Zeit! Die ganze Zeit sieht der nicht einen Ball!!!

3: Und gleich macht der das Ding und was sachsse dann?

1: Achhördochauf! Der macht kein Ding! Der Christ doch nicht!

2: Nä!

III. 19. Spielminute.

1: TOOOOOR!

2: JAUUUUU!

3: AHHHHHH!

4: TOOOOOR!

3: Hasse geseh'n?!

1: Was?

3: Wie der den Schappi freigespielt hat?

1: Wer? Der Tünsel?

3: Jasicha!

1: Achhördochauf! Der Schappi macht das Ding ganz alleine! Kannze froh sein, daß der Tünsel nicht inner Nähe war. Der hätte dem Schappi noch die Beine gebrochen am Ende!

2: Jou.

IV. 20. bis 45. Spielminute.

4: Ou ou.

3: Die drücken wie die Doofen.

1: Jasicha drücken die. Was sollnse auch sonst machen? Die liegen einsnull hinten. Aber von uns kommt von vorne auch keine Entlastung. Der Christ schaukelt sich die Eier, der blöde Tünsel, der!

2: Mannmann.

1: Sieht der Trainer das denn nicht? Das muß der Trainer doch sehen! KER', TRAINER NEHM DEN KERL RAUS!!!

2: Pause.

1: Gottseidank. Hoffentlich tut der den Blinden inner Halbzeit raus.

V. *Die Mannschaften kehren aufs Spielfeld zurück.*

1: Jetzt sach bloß, der läßt den Christ drauf?!

2: Jou.

1: Das kann der doch nicht machen.

3: Weil der noch sein Tor macht!

1: Du hast doch keine Ahnung. Wenn du Ahnung hättest, würdest du nicht so'n Scheiß erzählen.

2: Nä.

VI. *46. bis 63. Spielminute.*

1: Ich kann da nicht mehr hinkucken! Ich kann den nicht mehr sehn! Nehm den Kerl raus! Nehm den Hemmschuh raus!

3: Da! Da! Paß auf! Jetzt macht er ne rein!

1: Der doch nicht! Doch nicht der Blinde!

3: Aach – knapp!
1: Mann, da hat 'n Möbelwagen zwischengepaßt!
   Knapp?! Du bist ja noch blinder wie der Hemmschuh!
2: Scheiße nee.

VII. 64. Spielminute.

1: TOOOOOR!
2: JAUUUUU!
3: AHHHHHH!
4: TOOOOOR!
1: WennwirdenMöllernichthättenwennwirdenMöl-
   lernichthätten.
3: KlassederMöller!
1: Und der muß auch noch immer für zwei spielen.
   Für sich selber und für die gelbe Tonne. Jetzt
   nimmt der hoffentlich die gelbe Tonne raus!
2: Jou.
1: Gottseidank, er nimmt ne raus!

VIII. 65. bis 89. Spielminute.

1: Der soll abpfeifen.
2: Passiert nix mehr.
3: Wie lange ist noch?
4: Gleich Schluß.

IX. 90. Spielminute.

1: JAUUUUU!

2: JAUUUUU!

3: JAUUUUU!

4: JAUUUUU!

1: Gottseidank Feierabend.

3: War doch ganz gut heute.

1: Hör du bloß auf. Dein Liebling hat mir den halben Nachmittag versaut.

3: Warte mal ab. Der kommt noch.

1: Ja, der kommt noch. Der kommt noch weg!

4: Tüs.

2: Tüs.

3: Tüs.

1: Tüs. Bis in 14 Tagen.

Ende

Glossar:

Das Juwel	= Heiko Herrlich
Der Christ	= Heiko Herrlich
Der Tünsel	= Heiko Herrlich
Der Blinde	= Heiko Herrlich
Der Hemmschuh	= Heiko Herrlich
Die gelbe Tonne	= Heiko Herrlich
Dein Liebling	= Heiko Herrlich

Politischer Aschermittwoch

Am Aschermittwoch ist alles egal
Das Publikum ist voll wie der Saal
Maße und Weißwürste blähen die Bäuche
Stumpf ist der Fasching und dumpf sind die
Bräuche

Schützenkapellen defilieren den Marsch
Es zittert die Wampe, der Kopf und der Arsch
Stammtisch und Stammhirn mögen es grob
Völkische Schwätzer, trampelnder Mob
Schwimmen zusammen auf schäumender Woge
Es zischen wie eins Parole und Droge
Ja wo sammer denn hier, dös ist unser Revier
Mir san nur mir, und in uns ist Bier

Am Aschermittwoch ist alles Vorbayern
Wir wollen nur schlucken, grölen und seiern
Süffeln, sabbern, seichen und geiern
Zusammen besoffen die Dummheit feiern
Noch a bisserl was zwischen die Sitze reiern
Gut' Nacht und Gott mit dir, du Land der Bayern

ES weiß, warum
ich Starship Troopers sah

Das automatische Kinokartenreserviersystem ist ein großer Fortschritt. Wenn man zum Beispiel am Sonntagabend ins Kino, nicht aber Ewigkeiten zwischen unüberschaubaren Formationen pickeliger Popcornschmatzer am Kassenterminal des Cinemacenters um Tickets anstehen will, hilft es einem ungemein. Man wählt einfach nachmittags nach dem Aufstehen das System an, gibt seine Bestellung durch und legt sich wieder hin. Der Film beginnt um 20 Uhr. Eine halbe Stunde vorher muß man am Ort sein und kann die Karten am Reservierungsschalter abholen. Dort ist die pickelige Schmatzerschlange sehr übersichtlich. So hat man noch genügend Zeit, um in der Casablanca-Bar auf der zweiten Ebene des Cinemacenters ein Viermarkzwanzigpils mit ganz wenig Schaum zu trinken. Oder zwei, denn der Film startet ja tatsächlich erst um 20 Uhr 20 nach der Werbung.

Das automatische Kinokartenreserviersystem hat eine menschliche Stimme. Man tritt mit ihm über ein ganz normales Telefon in Kontakt, und ES spricht mit einem. Man muß selber auch mit ES sprechen, jedoch keine ganzen Sätze, sondern immer nur ein Wort. Das aber öfter und an verschiedenen Stellen. Das Wort ist SCHTOPP. Bevor man zum ersten Mal SCHTOPP sagen muß, weist einen ES darauf hin, daß man, wenn man keine Kinokarten reservieren, sondern Informationen will, eine andere Rufnummer wählen soll. Will man aber Karten, macht ES PIEP und dann eine kleine Pause. Nach dem PIEP sagt man nun laut und deutlich SCHTOPP und kann die Karten reservieren.

Da im Cinemacenter an allen sieben Tagen der Woche Filme gezeigt werden, muß ES natürlich wissen, für welchen dieser Tage man Karten bestellen will. Will man wie ich also sonntags ins Kino, muß man, wenn ES SONNTAG gesagt, PIEP und eine Pause gemacht hat, SCHTOPP sagen und kann nun Karten reservieren.

Weil das Cinemacenter groß ist, können dort ungefähr 15 verschiedene Filme gleichzeitig laufen. Also sagt einem ES zunächst deren Titel. Besser ist, wenn der Film, für den man Karten reservieren möchte, ganz am Anfang der Aufzählung steht. Nach jeder Titelnennung macht ES nämlich wieder PIEP und dann eine Pause. Das ist das Zeichen für den Anrufer. Jetzt muß er SCHTOPP sagen, wenn er den genannten Film sehen will. Meistens ist es so, daß der gewünschte Titel erst am Ende von ES' Aufzählung steht, also zum Beispiel an 13. Stelle. Dann hat man schon 12 Namen von Filmen und 12 PIEPs gehört, die einen nicht interessieren. Also muß man etwas Geduld und Zeit aufbringen, bis das 13. PIEP gepiept hat und man SCHTOPP sagen darf. Jetzt kann man die Karten reservieren.

Im Cinemacenter kann man ab mittags Filme

sehen. Klar, daß ES jetzt noch wissen muß, für welche Vorstellung die Reservierung gelten soll. Für die um 13 Uhr 15, um 15 Uhr 30, um 17 Uhr 45, um 20 Uhr 15 oder für die um 22 Uhr 30. Also sagt ES alle diese Uhrzeiten der Reihe nach an, macht nach jeder ein PIEP und nach jedem PIEP eine Pause. Will man wie ich die Vorstellung um 20 Uhr 15 besuchen, hat man also nach dem 20-Uhr-15-PIEP SCHTOPP zu sagen.

Zu diesem Zeitpunkt dauert das Gespräch mit dem automatischen Kinokartenreserviersystem ungefähr fünf Minuten. Durch die vielen PIEPs, Pausen und SCHTOPPs kommt einem die Zeit allerdings viel länger, bestimmt dreimal so lang vor. Und auch ES scheint ein von der Wirklichkeit abweichendes Wahrnehmungsempfinden zu haben. Jedenfalls zeigt ES jetzt deutliche Symptome von Mattigkeit und Unkonzentriertheit. Kein Wunder, ES ist schließlich rund um die Uhr im Einsatz. Bestimmt muß ES tausend Mal am Tag die immergleichen Ansagen machen und trotzdem sehr aufmerksam sein. Schließlich darf kein SCHTOPP eines Anrufers überhört werden.

Mein SCHTOPP hinter dem 20-Uhr-15-PIEP verhallt von ES ungehört. Stoisch bietet ES mir stattdessen noch die 22-Uhr-30-Vorstellung an, macht PIEP und die bekannte PAUSE. NEIN! rufe ich in sie hinein, etwas ärgerlich und deswegen wohl recht laut. Zu laut vielleicht. Die ungewohnte Lautstärke und das fremdartige NEIN! scheinen bei ES einen gehörigen Adrenalinausstoß zu verursachen, ähnlich dem eines Autofahrers, der bei 160 km/h aus dem Sekundenschlaf gebrüllt wird. Jedenfalls reagiert ES falsch. Sein internes Krisenmanagement bricht zusammen. ES bietet mir jetzt unsinnigerweise erneut alle Vorstellungen ab 13 Uhr 15 aufwärts an, macht PIEPs und Pausen, will aber partout wieder nicht auf mein vehement in die Post-20-Uhr-15-Stille geschmettertes SCHTOPP reagieren. Wieder und wieder wiederhole ich diesen Versuch – erfolglos. ES kollabiert nun vollends und will sich in einer dramatischen Übersprungshandlung an den Anfang seines Auftrags retten. Wenn ich keine Kinokarten reservieren, sondern Informationen wolle, müsse ich eine andere Rufnummer wählen. Ich lege auf. »Das automatische Kinokartenreserviersystem ist ein großer Fortschritt«, denke ich, als ich am Sonntagabend gegen 19 Uhr 15 am Kassenterminal des Cinemacenters inmitten unüberschaubarer Formationen pickeliger Popcornschmatzer um Kinokarten anstehe. Nebenan, am Abholschalter für telefonisch reservierte Karten, steht niemand an.

Kurz vor 20 Uhr erfahre ich von der Ticketverkäuferin, daß die 20-Uhr-15-Vorstellung des gewünschten Films ausverkauft ist. Jetzt habe ich sehr schlechte Laune. Genaugenommen sogar Mordgelüste, die sich windhundschnell in undifferenzierte, quasi faschistoide Vernichtungsphantasien steigern. Mir wird übel. Ich könnte vor mir selbst auskotzen. Die offenbar mit der seltenen Gabe des Gedankenlesens ausgestattete Verkäuferin bietet mir Karten für »Starship Troopers« an. Ich greife zu und erledige das in der Vorstellung.

Der gute Thon

Der Profi des Jahres 1997
Eine Laudatio

Ich bitte das Publikum, vor allem aber den zu Ehrenden vielmals um Entschuldigung, daß ich ausgerechnet zum Anstoß des Spiels erstmal meine antike Wortschatztruhe öffnen muß. Grundgütiger Huberty! Was da alles herumgammelt: »Die anschließende Ecke brachte nichts...« – nein, brauche ich nicht! Und was ist das da? »Wer sooo viele Torchancen ausläßt, muß sich nicht wundern, wenn er am Ende mit leeren...« – puh, da ist Schimmel dran! Sollte ich mal zum Lüften in den freien Raum hängen. Nein, was ich suche, liegt bestimmt noch viel tiefer. Vermutlich ganz unten! Für diese Aufgabe muß nämlich ein echter Bodensatz herhalten. Da! Da ist er! Ohoh, sieht gar nicht mehr gut aus – aber was soll's – raus damit! Ist schließlich für einen wirklich guten Zweck! Obacht – hier kommt er: »Im Fußball ist ja alles möglich!!!«

Wie wahr! Im Fußball ist es ja sogar möglich, daß man sich als vereidigter Borussia-Dortmund-Anhänger dabei ertappt, wie man im eigenen Stadion einem Spieler der gegnerischen Mannschaft ob seiner außergewöhnlichen Kunstfertigkeit Applaus spendet. Ein Reflex, der den Befallenen und das ebenso verblendete Tribünenumfeld beim ersten Begreifen der verräterischen Tat zwar mächtig erschreckt, der mit etwas Abstand betrachtet aber auch einer schönen Hoffnung Nahrung gibt. Der Hoffnung darauf, daß der eigene, bei Auftritten der angehimmelten Mannschaft gewöhnlich im Koma liegende Fußballverstand dann doch nicht endgültig in die Zerebral-Kreisliga C abgestiegen ist.

Einer, der dieses zarte Pflänzchen Zuversicht seit Jahren mit schöner Regelmäßigkeit gießt, ist Olaf Thon. Seine zahlreichen Auftritte im Westfalen-stadion absolvierte er stets in den blauroten oder blauweißen Arbeitskleidungen solcher Vereine, die ein Dortmunder Fan nicht unbedingt als erste gesteht, wenn man ihn zu seinen dem BVB nach-geordneten Lieblingsklubs einvernimmt. Wenn aber sogar ein Bayern-München-, beziehungsweise Schalke-04-Spieler in der Lage ist, die ganz gemei-ne Schwarz-Gelb-Motorik ein ums andere Mal außer Kraft zu setzen, ist es überaus wahrschein-lich – nein: sicher! – daß man es mit einem wirklich GUTEN zu tun hat.

Ich schaue Olaf Thon sehr gern bei seinem Fuß-ball-Spiel zu, denn er geht gut mit dem Ball um. Er ist nett zu ihm, geradezu höflich. Er stoppt ihn, selbst nach zu scharfem Anspiel eines rohen Kame-raden, sanft mit Spann, Rist, Sohle oder Brust. Er lupft ihn, wenn nötig, verschafft ihm elegant Effet, wenn er eine Kurve beschreiben soll, und auch wenn er ihn hart tritt, kommt niemals der Ver-dacht auf, er meine es gerade böse mit ihm. Nein, alles, was Olaf Thon mit dem Ball tut, beruht für jedermann sichtbar auf Freundschaft. Und zwar auf gegenseitiger. Denn der Ball dankt seinem Freund die liebevolle Behandlung mit artiger Folgsamkeit. Selten beobachtete man, daß er sich gegen einen ihm von Olaf Thon erteilten Auftrag sperrte und etwa eine andere als die ihm aufgegebene Flugrichtung wählte. An Tagen, an denen die beiden es besonders gut miteinander können, vermitteln sie dem Betrachter das bestimmte Gefühl, sie seien unzertrennlich. An solchen Feiertagen gehen sie geradezu miteinander spazieren. Olaf Thon, hocherhobenen Kopfes, stets das Spiel vor Augen, und der runde Gefährte bei Fuß wie mit Doppelklebeband am Thonschen Stollenschuh befestigt. Und gebietet der taktische Zwang, daß der Ball dann doch mal einem Mannschaftskameraden in dessen Lauf gespielt werden muß, wünscht man ihn sich bald zurück in Olaf Thons beschützende Werkstatt. Denn so gut wie dort geht es ihm nicht bei vielen. Ganz schlecht sogar bei allzuvielen, die selbst in höchsten Spielklassen ihr Auskommen gefunden haben und besonders schlecht bei viel zu vielen, die wie Olaf Thon im defensiven Aufgabenfeld tätig sind, dort, wo das Balltreten zumeist im schlechten Wortsinn betrieben wird. Jener Gegend also, in der Ball wie Gegner allzuoft grätschend dafür bestraft werden, daß sie sich des Eindringens schuldig gemacht haben.

Selten sieht man Olaf Thon grätschen. Einer mit seinem Auge muß sich nicht so häufig tieferlegen.

Möge er sich noch lange aufrecht durch unsere

Stadien spielen. Möge er fürderhin von Verletzungen verschont bleiben. Davon hat er schon mehr als genug erlitten.

Und möge er weiterhin auch außerhalb des Spielfeldes eine gute Figur machen. Auf dem Feld der freien Interviewrede vor allem. Dort, wo sich der reife Olaf Thon zu einem echten Könner entwickelt hat. Einer, der selbst den aufdringlichsten *ran*schmeißern mit würdiger Haltung, feixenden Blickes und geschliffener Formulierung keine Auskünfte über etwas erteilt, was sie und uns nichts angeht.

Auch dazu: Herzlichen Glückwunsch!

Laminat
Der Baumarktprofi

Guten Tag. Mein Name ist Peter-Hans Kaltenbecher. Als Leiter einer führenden Filiale einer namhaften Baumarktkette im westlichen Westfalen, also östliches Ruhrgebiet, was aufs selbe rauskommt, möchte ich sozusagen einmal aus professioneller Perspektive eine Stellung beziehen zum Problem der Ehrenrettung der in eine unberechtigte Kritik geratenen Laminatfußböden.

Was soll ich dazu sagen?! Ich muß es ja wissen, sehe ich doch in meinem beruflichen Alltag tagtäglich einer Verunsicherung in Gestalt meiner zur Renovierung ihrer Fußböden entschlossenen Kundschaft entgegen, die sich bei meiner Person einen Rat abholen will, ob sie überhaupt und wenn ja wie auf einen Laminatbelag zurückgreifen soll oder eben nicht.

Um dieses Problem einer Lösung entgegenzubringen, sollten wir alle aber erstmal wissen, was ist denn überhaupt ein Laminat, und wo sind seine historischen Wurzeln begraben. Um es einmal so kurz wie möglich zu umreißen: Der Laminatboden ist das Parkett des kleinen Mannes, sozusagen die volkstümliche Variante des massiven Edelholzbodens, auf dem die vermögenden Teile der höheren

Gesellschaft schon immer ihre Fußspuren hinterlassen haben. Warum aber sollen nicht auch die eben nicht im Geld und im Überfluß schwimmenden Menschen wie du und ich und Hans und Franz sich einen Hauch dieser luxuriösen Lebensart auf den Estrich legen können? Und da kommt nämlich das Laminat wie eine preiswerte Fügung des Schicksals in die Bresche gesprungen.

Laminat sieht auf den ersten Blick aus wie echtes Holz und bringt bei undeutlicher Beleuchtung einen optischen Täuschungs-Effekt sogar wie Teakholz oder Mahagoni oder Eiche oder Kirsche oder Birne. Es ist aber nichts von dem und deswegen so billig. Diesen Vorteil verdanken wir den segensreichen Möglichkeiten der technischen Resteverwertung. Nahezu alles nämlich, was in der Industrie an Abfall, Müll und Mist hinterlassen wird, kann heutzutage in einen Laminatfußboden einfließen. Der ganze Pröddel kommt einfach in einen riesigen Bottich, wird auf 150 Grad zu einem schlammigen Gemengel gekocht und am Ende zusammengerührt, in Formen gegossen, knüppelhart getrocknet und mit naturidentischen Holzdekoren kaschiert, bis keiner mehr merkt, daß er in Wirklichkeit auf einem Brei von Altlasten rumtrampelt.

Das technische Verfahren ist eigentlich nichts anderes, wie wir es auch von der Tierfuttermehlherstellung oder vom griechischen Gyros her kennen, wo ja auch alles, was in der Küche auf die Erde fällt, wieder zu einem wohlschmeckenden Lebensmittel zusammengebaut wird. Im Gegensatz dazu aber hat der Laminatboden erstens den gro-

118

ßen Vorteil, daß wir ihn nicht essen müssen, und zweitens, daß seine Oberfläche ganz anders als beim Gyros undurchdringlich mit einer chemischen Versiegelung versehen wird, die keine lebensgefährlichen Dämpfe mehr rausläßt.

Und deswegen kann ich Ihnen unbedenklich zu einem Laminatfußboden zuraten. Er ist von der Strapazierfähigkeit dem klassischen Parkett gleichzustellen und stellt noch das leckerste Gyros lässig in den Schatten. Immer für Sie da. Ihr Baumarktprofi

Peter-Hans Kaltenbecher

Kratzen gegen den Frieden

Unter den vielen Geräuschen, mit denen sogenannte Mitmenschen sich einem ins Dasein nötigen, ist das Kratzen eines der scheußlichsten. Gerade im Winter wird Kratzen zur wahren Plage des Ruhebedürftigen. Er, der Vernünftige, hat sich vor überfrierender Nässe, Nebel, Schneegriesel und Frostbeulen schützend, tief in die mollige Geborgenheit von Kissen und Federbetten zurückgezogen. Sein kluger Plan: Bei gedrosseltem Stoffwechsel halbschlafend die lebensfeindliche Jahreszeit überbrücken. Er hätte gute Chancen, wäre da nicht das allgegenwärtige Kratzen.

Das Kratzen wird ausgeübt durch den Nachbarn. Der Nachbar ist ein dummer Mensch, der selbst an eisigsten Wintermorgen um fünf Uhr fünfzehn seine Behausung verläßt, um sich in seinem Auto zu einem Arbeitsplatz zu transportieren. Abends stellt der Nachbar aus Gründen, die im Todsündenregister als Neid und Mißgunst geführt werden, das Auto vor das Schlafzimmerfenster des Ruhebedürftigen und läßt es dort von der Witterung vereisen. Am nächsten Morgen um fünf Uhr fünfzehn muß der Nachbar das Auto dann freikratzen, damit der Beneidete wach wird. Das Freikratzen erfolgt mittels einer gezahnten Plastikscheibe, die der

Nachbar über alle Fensterscheiben seines Autos kratzt. Der Vorgang beansprucht im Durchschnitt 12 Minuten Kratzzeit und wird untermalt vom Nageln des gleichzeitig warmlaufenden Dieselmotors des Autos sowie vom teerigen Abhusten und gleich folgendem Ausspeien des vom Nachbarn Abgehusteten.

Nach Abfahrt des freigekratzten Fahrzeugs träte jetzt vielleicht wieder die Stille ein, die der Ruhebedürftige zur Fortsetzung seiner gestörten Winterpause dringend benötigt. Er hätte gute Chancen, wäre da nicht das allgegenwärtige Kratzen. Dieses jetzt ist ein tieferes, sonoreres – eher ein Schaben oder Schrappen. Verursacht wird es durch die Ehefrau des soeben abgereisten Nachbarn, also durch die Nachbarin.

Die Nachbarin ist ein ebenso dummer Mensch wie der Nachbar. So gesehen passen sie also bestens zusammen und sind als gegen den Ruhebedürftigen Verschworene eine doppelt starke, böse Macht. Die Nachbarin befreit mit Hilfe eines Werkzeugs namens Schneeschieber einen etwa vier Meter fünfzig mal 40 Zentimeter messenden Gehwegstreifen von Schnee. Überwältigende Mengen müssen gefallen sein. Wahrscheinlich ist sogar Lawinengefahr in Verzug. Würde die Nachbarin sonst 45 Minuten ihrer kostbaren Zeit opfern und gefährlich schnaufend und ächzend und schrappend bereits morgens um halb sechs das Letzte aus sich herausholen? Eine rein rhetorische Frage, denn selbstverständlich ist nur ein knapper Zentimeter Schnee gefallen und natürlich ist das

Schrappen der Nachbarin lediglich die Fortsetzung
der heimtückischen Winterverschwörung gegen
den Beneideten.

Eine erfolgreiche Verschwörung, der sich im fol-
genden große Teile der Bevölkerung anschließen.
Eine wahre Volksbewegung – ein einziges, massen-
haftes, ohrenbetäubendes Kratzen gegen den Frie-
den.

Denn auch alle weiteren Versuche des Ruhebedürftigen, seinen Plan vom seligen Durchdämmern
der kalten Tage in die Tat umzusetzen, werden
höchst effektiv und kratzend sabotiert. Kein einziges Plätzchen findet sich, an dem ein ausdauern-
des Wegsacken geduldet würde. Allüberall kratzen
Eiskratzer, schrappen Schneeschieber. Es ratschen
Hände an Klettverschlüssen von Winterjacken,
knirschen Profilsohlen auf Streugut und schnozzen
Nasen in Papiertaschentücher. Papiertaschentücher, die nach Gebrauch in den Hosentaschen ihrer
Besitzer mittels Lendenwärme trockengepreßt und
anschließend wiederverwendet werden. Die Ein-
wegrotzfahnenmehrfachverwerter aber sind es, die
die Rädelsführer der Verschwörung in die Schlacht
werfen, wenn der Ruhebedürftige trotz aller Kratz-
attacken doch noch irgendwo einzuschlafen droht.
Dann schicken sie so einen in seine Nähe. Um das
visitenkartenkleine, pulvertrockene Schnözzelchen
aus der Tasche zu zutzeln. Um es auseinanderzu-
prusseln. Um es aufzufazzeln. Das kratzt und
knirscht und pfuzzt. Und dann wird es wiederbe-
schneuzt. Laut und deutlich. Solange, bis der Winter zu Ende ist. Vorher wird es keine Ruhe geben.

Schrebers Nichtgedicht

Glühwürstchen Glühwürstchen, grille, grille
Brühwürmchen Brühwürmchen, Stille – Stille.
Nächtens im Garten
Der volle Mond scheimt.
Glühwürmchen? Brühwürmchen?
Hab' mich verreimt.

Aus der Reihe Critica Diabolis